Disney

Violetta

Écrit par Catherine Kalengula.
Conception graphique du roman : Marie Drion.

Hachette Livre, 58, rue Jean-Bleuzen, 92178 Vanves Cedex.

Disney Violetta

Ma vie avant le Studio 21

hachette JEUNESSE

Chapitre Un

Le drame

— Coucou, ma puce ! Ça va ? Comment s'est passée ta journée ?

La voix de maman résonnait mélodieusement dans le téléphone. Lorsqu'elle parlait, on aurait dit qu'elle fredonnait… J'aurais pu l'écouter pendant des heures, mais je savais que, comme toujours, notre conversation finirait trop vite. À cinq ans, j'avais encore du mal à comprendre pourquoi ma mère devait sans cesse partir en tournée aux quatre coins du monde. Pourquoi elle n'était pas là pour me border, ou me raconter une histoire, comme toutes les autres mamans. Pourquoi elle me laissait.

— Papa m'a dit que tu étais à Madrid, en Espagne. Il a mis une épingle sur la carte. C'est looooin !

J'ai bondi de mon lit, pour aller regarder la carte accrochée sur le mur de ma chambre, et j'ai commencé à promener mon doigt sur la forêt d'épingles multicolores.

— 1... 2... 3... 4... 5...

— Que fais-tu, mon ange ?

— Je compte le nombre de fois où tu n'as pas voulu être avec moi.

Il y a eu un silence, puis j'ai entendu maman s'éclaircir la gorge.

— Violetta, écoute bien ce que je vais te dire. S'il y a un endroit au monde où j'aimerais être ce soir, c'est avec toi, et nulle part ailleurs, tu m'entends ?

Si elle voulait être à la maison, alors pourquoi se trouvait-elle de l'autre côté de l'océan ? Ce n'était pas logique ! Je n'avais peut-être que cinq ans, mais je n'allais certainement pas avaler un mensonge aussi énorme. Je n'étais plus un bébé !

— Je ne te crois pas !

— J'aime chanter, c'est ce qui fait battre mon cœur. Si je devais arrêter, je serais très triste. Vraiment très triste. Je crois même que ça me briserait.

Maman était un vrai rayon de soleil, toujours à rire et à plaisanter. J'aurais détesté la voir pleurer.

— Je ne veux pas ça ! ai-je crié. Je veux juste que tu restes… J'ai une idée ! Et si tu chantais ici, à Buenos Aires ? Comme ça, on pourrait se voir tous les jours !

J'ai attendu sa réponse, pleine d'espoir. Ma mère a soupiré si fort que je l'ai entendue.

— Un jour, quand tu seras grande, tu auras une passion, toi aussi, et tu comprendras…

— Je n'en aurai jamais ! me suis-je entêtée.

— Bien sûr que si ! L'autre jour, lorsque tu as vu ce squelette de tyrannosaure au musée d'Histoire naturelle, tu m'as dit que tu voulais devenir archéologue. Tu t'en souviens ? Dans ce genre de métier, on voyage beaucoup, tu sais.

Ah ça, pour m'en souvenir, je m'en souvenais ! Nous avions fait le tour des salles au pas de course, parce que maman devait prendre l'avion, et c'était

Ramallo, le bras droit de papa, qui m'avait ramenée à la maison. Seule.

— C'était un tricératops ! ai-je corrigé.

L'espace d'un instant, j'ai failli laisser exploser ma colère, éclater en sanglots, pour vider mon chagrin. Maman me manquait, et j'avais l'impression que ça lui était complètement égal ! Oh, bien sûr, papa était là, mais il était si occupé par ses dossiers et son entreprise qu'il n'avait pas une minute à me consacrer. Un rapide baiser, et hop, il disparaissait dans son bureau pour la majeure partie de la soirée. Six jours sur sept, il n'avait même pas le temps de dîner avec moi ! Bien souvent, c'était Olga, notre gouvernante-et-un-peu-plus-que-ça, qui venait me souhaiter une bonne nuit. Je l'aimais beaucoup, mais elle ne remplaçait pas mes parents.

Comment l'aurait-elle pu ?

Quelques secondes ont passé, et j'ai eu peur que ma mère ait raccroché parce que je m'étais énervée. Mon cœur a sauté dans ma poitrine. J'aurais voulu pouvoir ravaler mes paroles. Se disputer avec quelqu'un qui est en face de vous, c'est déjà horrible, mais le faire lorsque l'autre est à des milliers de kilomètres et que vous ne pouvez pas le serrer très fort dans vos bras pour vous faire pardonner, c'est encore plus affreux !

Je n'aurais pas pu fermer l'œil.

— Maman, tu es toujours là ?

— Oui, mon cœur.

— Tu es fâchée ?

Elle a ri, de son beau rire éclatant comme le soleil d'Argentine.

— Mais non, voyons. Je ne serai jamais fâchée contre toi, Violetta. Tu es ma raison de vivre et de chanter.

Quelque chose s'est dénoué dans ma poitrine, et je me suis remise à respirer normalement.

— Tu peux me chanter « Dors, petit ange » ?

Elle avait inventé cette berceuse rien que pour moi. Ma mère n'était pas seulement interprète, elle écrivait et composait aussi. Parfois, lorsqu'elle était à la maison, elle s'asseyait au piano pour répéter. Je savais qu'il ne fallait pas la déranger, mais je l'écoutais en douce, tapie derrière le canapé. Pour moi, elle était une magicienne. Ou bien une fée.

— Entendu.

Elle s'est mise à chanter, et je me suis allongée sur mon lit, mon ours en peluche blanc posé contre ma joue. Il était presque aussi doux que la peau de maman. En fermant les yeux, je pouvais m'imaginer que c'était elle. Qu'elle était là, près de moi. Quand elle a terminé, j'ai chuchoté :

— Dis, maman, tu reviens quand ?

— Dans deux semaines.

Ça me semblait une éternité ! Mais je me suis mordu la lèvre pour ne surtout pas le dire à voix haute. Si je me transformais en petite fille parfaite, si je ne disais plus de vilaines choses, maman accepterait peut-être de rentrer plus vite ?

— Tu trouves ça long, n'est-ce pas ? a-t-elle deviné.

Quelle nouille j'étais ! J'avais sûrement dû le penser trop fort. Ou alors, ma mère était dotée d'une sorte de pouvoir magique. Possible aussi.

J'ai menti :

— Non, non…

— Tu sais ce qu'on fera à mon retour ? J'ai prévu un tas de trucs super, écoute…

Elle m'a raconté nos futures promenades dans les parcs, nos sorties au théâtre et à la fête foraine, nos repas improvisés dans des petits restaurants…

— S'il pleut, nous passerons l'après-midi à regarder des dessins animés, en mangeant du pop-corn. Et le soir, on ira embêter papa. On le sortira de force de son bureau pour qu'il vienne avec nous. Tant pis s'il ronchonne ! Ça te dit ?

Tu parles ! Je n'en pouvais déjà plus d'attendre.

Elle a poussé un nouveau soupir, et j'ai compris qu'elle allait raccrocher.

— Je dois rejoindre la salle de spectacle, mon ange. Le public va bientôt arriver, et je ne peux pas le faire attendre.

Sa voix s'était mise à trembler légèrement. Maman avait peur… Je me suis reproché d'avoir été aussi égoïste. Je n'étais pas sûre de trouver les mots justes, mais je tenais à lui montrer qu'elle pouvait compter sur moi. Je me suis souvenue du jour où j'avais mis les pieds à la piscine pour la première fois et de la frayeur que j'avais ressentie – le mot est faible ! Je tremblais tellement que le maître-nageur a cru que j'allais m'évanouir !

Olga m'avait dit des choses qui m'avaient rassurée. À force de chercher dans ma mémoire, j'ai fini par me les rappeler.

— Tout va bien se passer, j'ai confiance en toi, maman.

— Merci, petit cœur. Ce que tu dis m'aide beaucoup.

— C'est vrai ?

— Oh oui ! Lorsque j'ai le trac, je pense toujours à toi.

— Ah bon ?

— Oui. Je pense à quel point tu es une petite fille courageuse et aussi à quel point je t'aime. Alors, je me sens plus forte que Superman !

J'ai ri, en imaginant ma mère en super-héroïne, avec la cape et la combinaison. Je me suis promis de la dessiner dès le lendemain et d'ajouter cette « œuvre » à la collection de cadeaux que j'avais déjà concoctés. Il y avait des colliers de perles et de pâtes, des collages, et même une statue d'elle – pas franchement ressemblante – en pâte à modeler.

— Je t'embrasse très, très fort, ma Violetta. Sur tes adorables joues, au creux de ton petit cou, sur tes bras tout doux, et même sur tes pieds potelés !

— Eh, pas sur les pieds, ça chatouille !

Elle a raccroché. Ses éclats de rire résonnaient encore dans mes oreilles lorsque je me suis endormie. La plus belle musique du monde.

Maman n'était pas fâchée, et elle m'aimait. Forte de ces deux certitudes, j'étais sûre de faire de beaux rêves…

Deux semaines plus tard, mon père est venu me réveiller en pleine nuit. J'ignorais l'heure qu'il était, mais je savais une chose : il était beaucoup, beaucoup trop tôt ! Je voyais la lune briller à travers les doubles rideaux à fleurs, et mes paupières semblaient peser une tonne chacune. Je mourais d'envie de continuer à dormir.

— Je suis fatiguée, papa, ai-je gémi, en refermant déjà les yeux.

J'ai senti ses bras autour de moi. Papa venait peut-être me dire bonne nuit ? Il était affreusement tard – ou terriblement tôt, mais peu importait.

C'était si rare !
Heureuse, je me
suis blottie contre lui.
C'est là que j'ai senti ses joues
mouillées.

— Oh, ma petite chérie, il est
arrivé quelque chose d'horrible…

Chapitre Deux

La fugue

— Violetta, je dois te laisser une minute. Pendant ce temps, continue l'exercice sur le son « on », d'accord ?

Christina, ma jeune prof particulière, s'est éloignée, son téléphone collé à l'oreille. Après que maman fut « partie », mon père et moi avions voyagé pendant quelques semaines en Europe – une période sombre dont je me

souviens à peine. Puis nous avions emménagé à Rio.

Je ne comprenais toujours pas ce que papa entendait par là. Partie ? Mais où ça ? Et pourquoi ne revenait-elle pas ?

Ramallo prétendait qu'elle était montée « au ciel ». J'avais beau scruter les nuages, je n'y voyais personne ! Une fois, je suis même restée allongée dans le jardin pendant un après-midi entier. Rien. Alors, du haut de mes six ans, j'en étais arrivée à la conclusion suivante : mon père et Ramallo me cachaient la vérité.

Christina continuait de bavarder en portugais. C'était la même chose chaque matin. Elle me donnait un travail à faire et s'éclipsait aussitôt. Je me demandais à qui elle parlait. En tout cas, elle riait beaucoup. Parfois, elle devenait rouge comme une tomate. J'étais assise sous la véranda

qui donnait sur l'océan. J'aimais bien notre nouvelle maison, mais j'aurais voulu qu'Olga vienne avec nous. Papa avait dit qu'elle devait rester à Buenos Aires.

« Pourquoi ? » avais-je demandé.

« C'est un peu compliqué à expliquer, ma puce, et tu es encore trop petite pour comprendre », avait répondu mon père.

Encore des cachotteries ! J'en avais vraiment assez ! Papa passait ses journées à travailler. Il partait dès l'aube, pour revenir bien après l'heure du coucher. Il répétait sans cesse qu'il devait développer son entreprise.

Mon œil !

J'étais persuadée qu'il m'en voulait. Il m'en voulait parce qu'à cause de moi, maman refusait de rentrer. Pareil pour Olga.

Dans le salon, Christina m'a fait un signe de la main. Ses bracelets métalliques ont scintillé au soleil.

— Je viens t'aider dans cinq minutes. Cinq, a-t-elle répété en écartant les doigts.

Je savais qu'elle en avait au moins pour une heure – mais après tout, je n'en étais plus à un mensonge près. Elle s'est installée sur le canapé et a posé ses pieds sur la table basse, en gloussant.

J'ai soupiré. J'avais terminé mon exercice depuis longtemps. Songeuse, je me suis mise à mordiller mon crayon, en regardant au-dehors. La plage semblait s'étendre à l'infini. La dernière fois que j'avais parlé à ma mère, elle se trouvait à Madrid. J'aurais pu l'appeler, mais je n'avais pas son numéro de téléphone. Alors, comment lui dire à quel point je voulais qu'elle revienne ? Peut-être qu'elle était vraiment fâchée, finalement ? Si je lui avais fait de la peine, je le regrettais de tout mon cœur !

Elle me manquait trop ! J'aurais fait n'importe quoi pour entendre sa voix et pouvoir la serrer contre moi.

Les vagues bleues venaient s'échouer sur le sable, et j'ai soupiré de nouveau. Il y avait un océan entre ma mère et moi… Un océan… Mais bien sûr ! J'allais lui envoyer un message dans une bouteille !

Tout excitée, j'ai attrapé ma trousse, une feuille, et j'ai commencé à dessiner. Une femme et sa petite fille, qui se tenaient par la main. En dessous, j'ai écrit : « Pour maman. Pardon, ta Violetta ». J'aurais voulu écrire une longue lettre, mais j'avais peur de faire trop de fautes et qu'elle ne comprenne pas. Il faut dire qu'avec une professeure comme Christina, c'était déjà assez miraculeux de progresser.

— Je vais aux toilettes ! ai-je crié.

Elle n'a même pas levé la tête.

chut…

Je me suis faufilée dans la cuisine, et j'ai sorti une bouteille de lait du frigo. Après l'avoir vidée dans l'évier, je l'ai essuyée, et j'ai glissé mon message à l'intérieur. La gouvernante devait être en train de nettoyer les chambres. J'entendais le ronronnement de l'aspirateur, à l'étage. Quant à Christina, elle riait aux éclats ! La maison aurait pu s'écrouler autour d'elle, elle ne s'en serait pas aperçue.

Tant mieux.

J'ai longé le couloir et je suis sortie en douce…

À mon arrivée sur la plage, je me suis empressée d'enlever mes sandales. J'avais envie d'enfoncer mes pieds dans le sable chaud. Un peu partout, des gens bronzaient, nageaient ou jouaient au ballon. J'ai marché longtemps, à la recherche d'un endroit discret. Je ne voulais surtout pas que quelqu'un me voie et vienne ramasser ma bouteille ! Il fallait qu'elle flotte à travers l'océan, jusqu'en Espagne.

J'ai fini par trouver un coin tranquille, derrière des rochers. C'était parfait. Comme je me sentais fatiguée, je me suis assise un moment.

— Bonjour, chérie, qu'est-ce que tu fais par ici ?

Je me suis retournée, surprise. Une jeune femme blonde me regardait en souriant. J'ignorais pourquoi, j'aimais bien son sourire. Il me rappelait celui de maman.

— Je veux envoyer un message à quelqu'un, ai-je expliqué, en montrant ma bouteille.

Elle a hoché la tête.

— Et je peux te demander à qui ?

Mon père m'avait toujours interdit de parler à des inconnus, mais quelque chose me disait que cette femme ne représentait aucun danger. C'était peut-être sa voix gentille ou sa façon de me regarder. Je la trouvais très belle aussi.

— C'est pour ma maman. Elle ne veut plus me voir, parce que j'ai été méchante.

Elle a battu des paupières.

— C'est ce que tu crois ? Tu te trompes, Violetta.

Soudain, quelque chose m'a frappée.

— Vous connaissez mon prénom ?

Elle a posé une main sur sa bouche, affolée. Puis, sans prévenir, elle m'a embrassée, avant de partir en courant. J'ai soupiré tristement. J'aurais bien aimé continuer de discuter avec elle. Juste après, un groupe d'ados est venu nager près des rochers, et j'ai décidé d'attendre. Je voulais être seule. Tant pis si ça prenait la journée. De toute façon, Christina était trop occupée pour s'apercevoir de mon absence…

— Violetta !

La voix de mon père m'a sortie de mon sommeil. Je m'étais assoupie sur le sable.

Papa avait les sourcils froncés. Au ton de sa voix, pas de doute, il était hors de lui.

— Mais qu'est-ce qui t'a pris de partir comme ça ? J'étais mort d'inquiétude ! Heureusement que quelqu'un m'a envoyé un texto pour me dire où tu étais ! J'ignore comment cette personne a eu mon numéro, mais qu'elle en soit remerciée ! Quant à Christina, je vais la renvoyer sur-le-champ. Si j'avais su qu'elle discutait avec son petit ami au lieu de s'occuper de toi, j'aurais…

Mon père continuait de parler très fort, mais je l'écoutais à peine. Une seule chose me préoccupait. Un peu étourdie, je me suis levée pour jeter un coup d'œil à la ronde. Ma bouteille n'était plus là ! Quelqu'un devait l'avoir volée pendant que je dormais !

C'en était trop. Un torrent de larmes s'est déversé sur mes joues. Un torrent que rien n'aurait pu arrêter. Papa était furieux, et maman ne saurait jamais combien j'étais désolée.

— Voyons, ma puce. Ne pleure pas. J'ai crié parce que j'ai eu très peur qu'il t'arrive quelque chose. Et je suis en colère contre Christina, aussi. Violetta, arrête, s'il te plaît.

Il m'a prise dans ses bras. Cela faisait des semaines que ce n'était pas arrivé.

— Chut, chut… Allez, c'est fini. On oublie tout ça, d'accord ? Promets-moi de ne plus jamais t'enfuir.

J'ai acquiescé, entre deux énormes sanglots qui secouaient ma poitrine. Après de longues minutes, mes larmes se sont enfin taries. Papa a posé les mains sur mes épaules et m'a regardée dans les yeux.

— Je ne voudrais pas te perdre, toi aussi, tu comprends ? Pourquoi est-ce que tu es venue sur la plage ? Tu t'ennuyais ? Tu as eu envie de te baigner ?

— Non… Je voulais envoyer un message à maman, pour lui demander pardon. Il s'est redressé.

— Pardon ? Mais pour quelle raison ?

— J'ai dû faire quelque chose de mal, pour qu'elle ne veuille plus me voir, non ?

Mon père a baissé la tête et murmuré :

— Où es-tu allée chercher une idée pareille ?

Je lui ai tout expliqué : le ciel, Olga, le fait qu'il ne soit jamais à la maison, avec moi. Sans répondre, il a attrapé ma main, et nous avons commencé à marcher côte à côte sur le sable. J'étais si contente de cette promenade inattendue avec mon père que je ne ressentais pas le besoin de parler. Lui non plus, apparemment.

Il a enlevé ses belles chaussures noires, et remonté le bas de son pantalon, pour entrer dans l'eau. Puis il s'est mis à m'éclabousser ! Je l'ai imité en riant.

Nous sommes rentrés, trempés.
Mais le cœur réchauffé.

Le lendemain, papa est resté à la maison. J'ai trouvé ça incroyable ! Il a passé la matinée à recevoir des candidates pour remplacer Christina. Il m'a même demandé mon avis. Nous avons déjeuné tous les deux, sous la véranda, puis il m'a ramenée sur la plage.

J'ai bien remarqué qu'il portait un sac, mais je n'ai pas osé demander ce qu'il contenait. Un tube de crème solaire, peut-être, ou un goûter ? Peu importe ! Je ne voulais surtout pas gâcher cette journée géniale avec mon père.

Une fois parvenus près des rochers, nous nous sommes assis face à l'océan, et il a sorti une bouteille refermant un message !

— Tu vois, j'ai écrit cette lettre hier soir, en pensant à toi.

Sa voix était bizarre, comme s'il avait du mal à parler.

— Tu n'as rien fait de mal, Violetta. Ta maman a eu un accident d'avion, et elle est décédée. Elle ne reviendra plus. Et ce n'est pas à cause de toi, ma puce. Elle repose désormais sous terre… mais elle demeurera toujours vivante dans nos cœurs.

Il a brusquement tourné la tête de l'autre côté, comme si quelqu'un venait de l'appeler.

— Elle me manque tant…

— À moi aussi.

Silence. Soupirs. Papa s'est mis à creuser un petit trou dans le sable, avec sa main. J'ai attendu, perdue dans mes émotions. Une partie de moi était soulagée de savoir que ma mère n'était pas partie par ma faute. Mais l'autre – la plus importante – ne supportait pas l'idée de ne plus jamais la revoir.

Mon père paraissait tellement triste. Moi qui avais cru qu'il était en colère ! Je me suis juré de tout faire pour le consoler. Il recevrait des dessins par dizaines, et je serais la fille la plus sage du monde.

En attendant, je me suis blottie contre lui. Il a passé un bras autour de mes épaules.

Juste avant de rentrer, nous avons jeté notre bouteille, loin, très loin dans les flots bleus.

Chapitre Trois

La fête d'anniversaire

J'allais bientôt avoir huit ans. Quelques mois auparavant, nous avions quitté Rio pour New York. Passer de la douceur brésilienne à l'hiver glacial du nord-est des États-Unis avait été un choc ! Oh, bien sûr, il faisait parfois un peu froid à Buenos Aires, mais jamais autant qu'ici. Une semaine après notre arrivée, il y a eu une tempête. Le lendemain matin, j'ai découvert Central Park sous un mètre de neige. C'était magnifique !

Mais notre appartement avait beau être confortable, une partie de moi regrettait notre villa avec vue sur l'océan.

Heureusement, papa m'a aidée à apprécier ma nouvelle vie. Il a décidé de me consacrer plus de temps et de me faire visiter la ville. Une fois par semaine, nous allions nous promener, puis dîner au restaurant. C'était notre soirée à nous, pendant laquelle mon père éteignait son téléphone. J'attendais le samedi avec impatience.

Durant l'une de ces soirées, des enfants célébraient un anniversaire à une table voisine. Ils devaient avoir à peu près mon âge. Ça avait l'air chouette ! Tellement que ça m'a donné une idée : moi aussi, je voulais une fête pour mes huit ans.

Après y avoir beaucoup réfléchi, j'en ai parlé à papa, un matin, au petit-déjeuner. Mes mains tremblaient sous la table.

— Tu veux organiser une fête ? Avec des enfants, c'est bien ça ? a-t-il répété, incrédule.

J'ai pris une profonde inspiration, loin, très loin dans mes poumons. Allez, Violetta, un peu de courage !

— Oui, et j'ai pensé que je pourrais inviter les filles de Carmen. Comme ça, j'apprendrais à les connaître, et on pourrait peut-être… devenir amies.

« Amies », ce mot me faisait rêver ! Étudier avec une professeure particulière présentait certains avantages. Par exemple, je pouvais demander à faire des pauses si je le souhaitais, ou davantage d'explications lorsque je ne comprenais pas quelque chose. Seulement plus le temps passait, plus j'enviais les autres enfants. Ceux qui allaient à l'école et avaient un tas d'amis avec qui bavarder. Ceux qui s'appelaient le soir pour discuter de leurs devoirs. Je les regardais passer sous mes fenêtres, avec leur cartable sur le dos. J'aurais voulu être comme eux.

Mais mon père préférait me savoir en sécurité, à la maison. Il prétendait que j'avais beaucoup de chance d'avoir une prof pour moi toute seule. Sans doute. Mais j'en avais assez d'être seule, justement.

Je l'ai laissé boire une autre gorgée de café, en attendant sa réponse. Elle tardait à venir ! Juste à cet instant, Carmen, notre gouvernante d'origine

mexicaine, est venue nous apporter des scones tout chauds.

— Carmen, est-ce que vous pensez que Judy et Julia accepteraient de venir à la maison pour mon anniversaire ?

Elle m'a souri.

— Bien sûr ! Elles en seraient même enchantées !

Elle me parlait souvent de ses jumelles de dix ans. Elle leur avait appris l'espagnol. Même si j'avais fait des progrès en anglais, je me disais que ce serait encore plus facile de communiquer dans ma langue natale. Mon plan était parfait. Mais encore fallait-il obtenir l'accord paternel.

Il a finalement levé le nez de sa tasse.

— Je ne sais pas, Violetta. Tu ne les as jamais rencontrées, et tu veux les inviter à une fête… Tu ne crois pas qu'elles pourraient se sentir mal à l'aise ?

Je me suis mordu la lèvre. Il avait raison. Je n'avais pas pensé à ça. En même temps, je n'étais pas habituée à me faire des amies.

— On pourrait aller en ville, demain après-midi ?

Je promenais mes yeux de mon père à Carmen, en croisant très fort les doigts sur mes genoux. Notre gouvernante a posé l'assiette qu'elle tenait.

— Je crois que ce serait vraiment très bien, monsieur Castillo. Violetta a besoin de sortir un peu de cet appartement et de voir du monde.

— Mais je l'emmène au restaurant toutes les semaines ! a protesté papa.

— Je voulais dire qu'elle a besoin de fréquenter d'autres enfants. Ce sera bon pour elle. Et mes filles sont bien élevées, vous savez. Il n'arrivera rien à votre petite princesse, je vous le promets, a-t-elle ajouté en me décochant un clin d'œil complice.

Mon père a appuyé son menton sur ses mains.

Dis oui, dis oui, dis oui ! ai-je supplié intérieurement.

Après un moment qui m'a paru interminable, il a déclaré :

— Entendu. Mais Ramallo les accompagnera.

Je me suis jetée sur lui pour l'embrasser.

Le lendemain, j'étais dans tous mes états. J'allais rencontrer Judy et Julia ! C'était à la fois merveilleux… et terrifiant ! Je me demandais ce que j'allais pouvoir leur dire et si nous allions bien nous entendre. Est-ce qu'elles allaient m'apprécier ? Et qu'arriverait-il si elles me détestaient ? Avec toutes ces questions, j'avais à peine dormi.

— C'est l'heure, a annoncé Ramallo.

Je l'ai suivi à l'extérieur, jusqu'à notre voiture. Il était prévu que nous allions chercher Judy et Julia après l'école. À notre arrivée, elles nous attendaient déjà. Je suis descendue pour me présenter. Mon cœur battait à mille à l'heure.

— Je... je suis Violetta, ai-je balbutié.

— Judy, a répondu la plus grande, avec une queue-de-cheval.

— Julia, a indiqué sa sœur, dont les boucles brunes tombaient sur ses épaules.

J'ai essayé de mémoriser leurs différences physiques, pour ne pas les confondre. Je ne voulais surtout pas les vexer. Nous sommes restées un moment sur le trottoir, à nous regarder en chiens de faïence.

— Euh... je pensais que... enfin, qu'on... pourrait aller manger des hamburgers ? Euh, si ça vous dit, bien sûr... ai-je fini par bredouiller, écarlate.

— Super ! ont répondu en chœur les deux sœurs.

Ça s'annonçait bien...

Dans la voiture, je me suis creusé la tête pour trouver une façon de lancer la conversation. Leurs uniformes m'ont donné une idée.

— Vous aimez aller à l'école ?

Assise à côté de moi, Judy a haussé les épaules.

— Personne n'aime aller à l'école, mais on y est obligées ! Pourquoi ? Tu aimes ça, toi ?

J'ai rougi.

— Je ne sais pas… je n'y ai jamais mis les pieds. J'ai une prof à la maison. Elle vient me donner des cours tous les jours.

Surprise, Julia a tourné la tête vers moi.

— Alors, tu n'as pas d'amies ?

— Non.

J'aurais voulu lui dire que j'espérais qu'elles le deviendraient, que c'était même pour cette raison que je les avais invitées, mais je n'ai pas osé. J'avais peur que mon vœu ne se réalise pas. Ramallo s'est arrêté dans Manhattan, puis nous a accompagnées jusqu'à un fast-food.

— Ton garde du corps vient avec nous ? a murmuré Judy, sur le trottoir.

— Oui, c'est un vrai pot de colle, ai-je plaisanté.

Les filles ont ri, et j'ai commencé à me sentir un peu mieux. Peut-être fallait-il simplement que je sois… moi-même ?

ouf !

Dans le restaurant, Judy et Julia ont passé commande. Je leur ai dit de prendre tout ce qu'elles souhaitaient. La table s'est vite retrouvée couverte de hamburgers, de sodas et de crèmes glacées. Elles avaient l'air ravi. Moi aussi. Ramallo restait debout près du comptoir et nous surveillait du coin de l'œil. J'aurais aimé qu'il nous laisse seules, mais il ne fallait pas trop rêver.

Judy et Julia me posaient beaucoup de questions sur ma vie, ce que faisait mon père, etc. J'étais heureuse qu'elles s'intéressent à moi, même si la timidité me bloquait un peu. Entre deux cuillerées de glace, j'ai trouvé le courage de demander :

— Est-ce que ça vous dirait de venir à ma fête d'anniversaire, samedi prochain ?

— Il y aura des trucs à manger ? a demandé Judy.

— Des tonnes.

— Et de la musique ?

Je n'y avais pas encore réfléchi, mais je trouvais que c'était une bonne idée. En plus, ça paraissait lui faire plaisir, et je voulais absolument qu'on s'amuse.

— Oui.

— Moi, mon groupe favori, ce sont les One Direction. Julia, elle, elle préfère Maroon Five. La honte ! C'est des vieux !

Sa sœur lui a donné un petit coup de coude dans le bras.

— Hé ! Arrête de dire ça !

— Mais c'est vrai !

— Peut-être. Mais on verra si on entendra toujours parler, de tes One D. chéris, dans dix ans !

La bouche pleine de glace, Julia m'a jeté un coup d'œil.

— C'est à toi de nous départager. Tu préfères quel groupe ?

— Je suis désolée, je ne les connais pas, ai-je répondu.

Les filles ont échangé un regard effaré.

— Tu rigoles ?

Mon père aimait la musique classique, et il lui arrivait de jouer du piano. Je connaissais Mozart, Bach, Chopin, mais aucun Maroon Machin-Chose.

Judy s'est essuyé la bouche et a fait un petit signe à sa sœur.

— Tu m'accompagnes aux toilettes ?

Lorsque je me suis retrouvée seule, Ramallo s'est approché de moi.

— Tout va bien ? m'a-t-il demandé gentiment.

— C'est super, merci…

Il m'a dévisagée. Je savais que mon malaise se lisait sur mon visage. J'étais contente – et même plus que ça ! – de pouvoir bavarder avec Judy et Julia. C'était quand même ma première sortie entre filles ! Mais j'avais l'impression que ma réponse sur les groupes de musique avait jeté un froid. Je me faisais peut-être des idées... Il fallait qu'on apprenne à se connaître, voilà tout. On ne pouvait sûrement pas devenir les meilleures amies du monde en un jour.

— Tu as l'air soucieuse ? a-t-il remarqué.

— Non, c'est juste que... j'ai bu trop de soda. Je reviens tout de suite.

Je me suis éclipsée dans le couloir qui menait aux toilettes. La porte était entrouverte. Les voix des filles me parvenaient de loin. Je me suis arrêtée et j'ai tendu l'oreille.

— Elle est gentille, mais un peu ennuyeuse, non ? a commenté Judy.

— Maman nous a dit d'être sympas avec elle, alors fais un effort !

— Oui, eh bien, moi, je n'ai aucune envie d'aller à sa fête d'anniversaire !

Elle ne le disait sûrement pas méchamment, mais ça m'a fait mal. J'ai compris que ce n'était pas facile de se faire des amies, et surtout, qu'on ne pouvait pas forcer les gens à vous aimer.

Le soir, j'ai annoncé à mon père et à Carmen que j'annulais tout. Notre gouvernante m'a bombardée de questions. Elle voulait savoir pourquoi. Est-ce qu'il y avait eu un souci avec ses filles ? J'ai répondu que j'avais juste changé d'avis.

C'était vrai.

Si j'avais cherché à rencontrer Judy et Julia, c'était pour combler un vide. Mais je m'étais rendu compte que c'était impossible. Sans ma mère, la fête n'aurait jamais pu être aussi belle que dans mes rêves.

Comme chaque samedi, mon père m'a emmenée au restaurant. Il avait choisi un établissement situé dans le quartier italien de New York : Little Italy. C'était le jour de mon anniversaire, mais je n'avais pas envie de fêter quoi que ce soit.

Je pensais toujours à Judy et à Julia… J'aurais peut-être dû leur dire que je les avais entendues parler de moi ? Et après ? Qu'est-ce que ça aurait changé ? Ou alors, j'aurais pu répondre que j'adorais leurs groupes préférés, au lieu de dire la vérité. Mais est-ce qu'on pouvait se faire de vraies amies en mentant ? J'en doutais.

— Tu vas voir, chérie, s'est exclamé papa, avec enthousiasme. C'est la meilleure pizzéria de la Côte Est ! Enfin, c'est ce qu'un collègue m'a dit. Mais son frère est le propriétaire, donc il exagère peut-être un peu.

J'ai essayé de sourire, vraiment, mais ça devait plutôt ressembler à une grimace. La façade du restaurant était simple et accueillante. Dans d'autres circonstances, j'aurais sûrement adoré…

J'ai poussé la porte la première, l'esprit ailleurs.

— Joyeux anniversaire ! a crié une femme.

J'ai relevé le nez de mes chaussures. C'était Olga ! Elle était venue pour moi ! J'étais si heureuse ! Il y avait aussi une banderole accrochée au plafond, des ballons, et aucun autre client dans la salle.

Je regardais Olga sans parvenir à y croire. Je ne savais plus si je riais ou si je pleurais ! Mon père s'est penché pour murmurer à mon oreille.

— Joyeux anniversaire, ma puce.

Je n'ai peut-être pas eu la fête dont je rêvais. Mais j'ai célébré mes huit ans avec les gens qui m'aimaient.

Et maman était avec moi, au fond de mon cœur.

Chapitre Quatre

Une nouvelle vie à Londres

Mon dixième anniversaire a été bien différent… Nous vivions désormais à l'ouest de Londres, dans une charmante ville nommée Harrow.

J'adorais l'Angleterre, et mon quartier. Notre maison était jolie, avec son jardin bordé d'une haie de rosiers. Juste au bout de la rue, il y avait un parc, une bibliothèque, une école et plusieurs petits commerces. Malgré la faible distance qui nous séparait du cœur de Londres, j'avais presque l'impression d'habiter dans un village.

Mon père était très enthousiaste à l'idée de développer son entreprise en Europe.

« Si je fais tout ça, c'est pour toi », me répétait-il souvent.

Nous allions toujours dîner une fois par semaine au restaurant, mais ces derniers temps, j'attendais ce moment avec moins d'impatience qu'avant. Je me sentais de plus en plus frustrée. Mon père refusait de me parler de maman. Chaque fois que je l'interrogeais, il changeait de sujet, ou pire encore, il faisait semblant d'avoir un coup de fil urgent à passer.

Oh, bien sûr, je savais des choses sur

elle. Elle était une grande chanteuse, qui voyageait à travers le monde, et avait une foule d'admirateurs. Je devinais aussi qu'elle était une personne très sensible – je le ressentais dans sa façon d'interpréter ses chansons. Le soir, j'écoutais ses CD, et je fredonnais avec elle. C'était comme si nous étions ensemble…

Certaines choses toutes bêtes me manquaient. Des phrases, comme : « Moi, quand j'avais ton âge… » ou « Tu tiens ça de moi ! » Au fond, j'ignorais tout de ma mère. Avions-nous des points communs ? Est-ce qu'elle aimait observer les étoiles, elle aussi, avant de s'endormir ? Avait-elle beaucoup d'amies, à l'école ? Était-elle bavarde ou réservée ? Quelles matières préférait-elle ?

À dix ans, ce que je savais d'elle ne me suffisait plus. Et mon père ne le comprenait pas.

Heureusement, il y avait Monica. Elle travaillait comme fille au pair chez nos voisins, les Cleaver. Et elle était espagnole. Son pays, ses parents et ses petites sœurs lui manquaient énormément. Elle devait s'occuper des trois monstres – c'était elle qui les appelait gentiment ainsi –, Adam, Amer, et Aaron les fils Cleaver, âgés de trois, sept et dix ans. Monica prenait soin d'eux avec tendresse, tandis que leurs parents étaient rarement présents. Mme Cleaver, responsable d'un grand magasin de Harrow, sortait presque tous les week-ends. Son mari, lui, tenait un garage et ne se préoccupait guère de ses enfants.

Autrement dit, Monica avait peu de temps libre. Lorsqu'elle le pouvait, elle venait se reposer dans le jardin, derrière la maison, et nous discutions en espagnol, par-dessus la haie.

Mon père ne l'appréciait pas beaucoup, à cause de son look : anneau doré dans le nez et cheveux rouges hirsutes. Mais moi, je l'adorais. Je pouvais discuter de tout avec elle, elle ne me jugeait pas. Au contraire. C'était bon de se sentir écoutée. J'essayais aussi de lui donner mon avis ; même si elle avait dix-neuf ans, Monica ne me faisait jamais sentir que j'étais trop jeune pour parler de choses sérieuses. Elle disait que j'avais souvent de bonnes idées et que je ne devais surtout pas avoir peur d'être ridicule.

Un jour, n'en pouvant plus, je lui ai confié ce que j'avais sur le cœur à propos de ma mère.

— Je voudrais que mon père me parle d'elle… mais il refuse ! Je crois qu'il veut l'oublier !

Il faisait beau. Les fils Cleaver étaient à l'école, et allongée sur une chaise longue, Monica profitait d'un court répit dans le jardin.

— Ça fait longtemps qu'elle n'est plus là ?

De l'autre côté du grillage, j'ai baissé les yeux.

— Cinq ans…

— Peut-être a-t-il décidé qu'il était temps de tourner la page… Il ne s'agit pas d'oublier, mais de continuer à vivre, tu comprends ?

Continuer à vivre… Mais, et moi ? Je n'avais eu qu'une mère, et je n'en aurais pas d'autre ! Je l'avais connue si peu de temps. Je n'avais jamais eu l'occasion de lui demander si elle aimait l'école, par exemple, ou comment elle avait rencontré papa. Et je ne le pourrais jamais. C'était peut-être ça qui me rendait le plus triste. L'accident ne m'avait pas seulement volé ma mère, il m'avait aussi pris tout un avenir avec elle. Parfois, j'avais tellement de peine que ça m'étouffait. Mon père était le seul qui pouvait m'aider. Mais il s'en fichait !

Quelque chose s'est brusquement mis à bouillonner en moi. Une chose que je retenais depuis des semaines et des semaines. J'ai serré les poings.

— Mon père se moque complètement de ce que je peux ressentir !

— Et ça te rend furieuse, on dirait ?

J'ai regardé mes mains. C'était vrai, j'étais en colère.

— Je crois, oui…

Monica a secoué la tête.

— La peine et la colère sont souvent liées. Ton père devrait faire des efforts pour toi. Parce qu'en grandissant, ta colère ne fera qu'augmenter, et un jour, tu finiras par exploser.

J'ai levé un sourcil étonné.

— Exploser ?

— J'avais une copine à Barcelone, qui croyait dur comme fer que son père était mort. C'était en tout cas ce que sa mère affirmait depuis qu'elle était petite. Lorsque mon amie a appris qu'elle lui mentait et que son père était bel et bien vivant, elle a fait une fugue qui a duré des semaines. La colère, c'est pas bon pour ton karma…

J'ai acquiescé en faisant semblant de comprendre son histoire de karma.

— Insiste, Violetta. Tu n'as rien à perdre, de toute façon.

— Tu as raison. Merci, Monica.

— Je t'en prie. Je te comprends, tu sais. Ce que tu vis n'est pas facile. Mais tu es courageuse, et un jour, tu verras, tout finira par s'arranger.

Ses paroles m'ont un peu apaisée. Ensuite, nous avons discuté de ses projets. Monica rêvait de prendre des cours du soir, mais elle n'en avait pas les moyens. Je me sentais profondément désolée pour elle.

Ce soir-là, mon père n'est pas rentré très tard, même si, comme d'habitude, j'avais déjà dîné. Notre employée de maison, Liz, avait gardé son repas au chaud, dans le four – de la dinde avec des légumes et un morceau de tourte aux myrtilles. Puisqu'il faisait doux, papa a décidé de manger dans le jardin, au clair de lune.

Je l'ai rejoint et me suis assise sur le banc, à côté de lui. Il semblait fatigué. J'ai remarqué ses traits tirés et son teint pâle. Ma gorge s'est serrée. Mon père travaillait du matin au soir, et c'était terrible de penser qu'il s'épuisait pour moi, pour m'assurer un bel avenir.

— Tu as passé une bonne journée, papa ?

— On va dire que je n'ai pas vu les minutes défiler. Et toi, ma puce ?

— Tu sais, Monica…

Il a froncé les sourcils.

— La fille qui vit à côté ?

Je savais qu'il n'aimait pas que je discute avec elle. Pourquoi ne comprenait-il pas que j'avais besoin de parler avec une fille, même plus âgée que moi ? Que c'était vital ? Je ne pouvais pas avouer mes secrets à ma professeure, une femme stricte, ni à Liz, qui aurait tout répété à mon père !

— Oui. Elle aurait besoin d'argent pour se payer des cours dans une école de Harrow. J'ai pensé que…

J'ai rougi. Est-ce que je n'allais pas un peu trop loin ? Mais Monica était ce qui se rapprochait le plus d'une amie pour moi, et je tenais à l'aider.

— Alors, tu t'es dit que je pourrais lui donner un coup de pouce, c'est bien ça, Violetta ? Tu as bon cœur, mais pour être franc, je crois que tu es naïve. Si tu veux mon avis, cette fille profite de toi. Elle doit savoir que nous avons les moyens de l'aider, et c'est pour ça qu'elle se montre gentille avec toi.

Je me suis levée d'un bond. Malgré mes bonnes résolutions, j'étais en train de perdre mon sang-froid. J'avais beau le savoir, je n'arrivais pas à me contrôler. Peut-être était-ce cette colère dont Monica m'avait parlé qui remontait à la surface. Cette colère et ce chagrin mêlés.

— Monica est quelqu'un de bien, et elle ne profite pas de moi ! De toute façon, tu m'as expliqué que ton entreprise offrait des bourses aux étudiants, non ?

— Oui, mais selon certains critères, et ce sont des étudiants ingénieurs dans le domaine de l'environnement. Dans quel domaine Monica veut-elle suivre une formation ?

J'ai baissé les yeux.

— La coiffure.

— Je vois...

Je me suis rassise, en tâchant de me calmer. J'aurais tellement souhaité qu'il me fasse confiance, pour une fois ! Je n'étais plus une petite fille !

— Je l'aime bien, papa. Je n'ai pas d'autre amie. Il faut l'aider, s'il te plaît ! Monica est vraiment sympa, et sa famille est trop modeste pour lui envoyer de l'argent. Son père a perdu son emploi, sa mère ne travaille pas... et tu m'as toujours dit qu'il fallait être ouvert aux autres, ne pas se montrer égoïste.

J'ai prié très fort pour que cet argument – qui venait indirectement de lui – fasse mouche.

— Bon… Puisque ça semble aussi important pour toi, j'accepte d'y réfléchir.

— Merci, papa !

— Je ne te promets rien, d'accord ? Je dois d'abord essayer de déterminer si cette Monica est sincère envers toi.

J'ai étouffé un cri de révolte au fond de ma gorge.

— Je comprends.

Ensuite, je lui ai raconté ma journée. Cet après-midi-là, j'avais aidé Liz à tailler les rosiers et j'avais trouvé ça amusant.

— Est-ce que maman aimait le jardinage ?

Je ne voulais pas le brusquer, mais c'était plus fort que moi. Papa m'a décoché un regard surpris.

— Je ne crois pas, non. En tout cas, je ne l'ai jamais vue avec un sécateur ou un arrosoir dans les mains. Mais elle raffolait des fleurs. Je lui offrais souvent des bouquets…

À ce souvenir, ses yeux se sont mis à briller, et un léger sourire a éclairé son visage. J'ignorais si c'était à cause de la nuit, belle et étoilée, ou s'il était de bonne humeur pour une autre raison, mais je sentais que c'était l'occasion ou jamais de l'interroger sur ma mère. Seulement je devais être diplomate. Si je lui posais la mauvaise question, il se refermerait comme une huître, et je ne voulais surtout pas que ça arrive.

— Et qu'est-ce qu'elle aimait ? À part la musique, je veux dire…

À cet instant, sans prévenir, il s'est levé et a pris la direction de la cuisine. Je n'en croyais pas mes yeux !

— Je me sens très fatigué et je vais aller dormir. Bonne nuit, ma puce.

J'aurais pu me rebeller, m'énerver, mais je savais que ça n'aurait servi à rien. Mon père pouvait être plus têtu qu'un troupeau de mules. Alors, un brusque sentiment de défaite s'est emparé de moi. J'ai baissé la tête et j'ai murmuré :

— Tu fais toujours ça.

Il s'est arrêté et a fait volte-face. Je me suis dit que j'aurais sans doute mieux fait de me taire, mais c'était trop tard.

— Qu'est-ce que tu entends par là ? m'a-t-il demandé d'un ton froid.

Je me suis mordu la lèvre. La colère a repris le dessus.

— Dès que je veux parler de maman, tu disparais. Il y a tant de choses que je voudrais savoir, papa ! Par exemple, quelles étaient ses passions lorsqu'elle avait mon âge ? Mais toi, j'ai l'impression que tu as décidé de la rayer de nos vies !

Il s'est approché de moi, visiblement touché.

— Tu ne devrais pas penser cela. Ta mère était tout pour moi. C'est juste que… c'est affreusement dur de parler d'elle.

Il a tourné les talons, et j'ai regardé ailleurs, au bord des larmes, tandis qu'il s'éloignait. C'était fichu. Je n'avais pas réussi à lui faire comprendre à quel point je désirais qu'il me parle de maman. Je n'avais sûrement pas su trouver les mots. Ma colère avait tout gâché.

Soudain, je l'ai entendu dire :

— Une fois, elle m'a raconté qu'elle aimait préparer des gâteaux avec ses amies, lorsqu'elle était enfant. Elle

disait que la pâtisserie était un excellent moyen d'oublier ses soucis.

J'ai voulu me lever pour l'embrasser, mais il était déjà rentré.

J'ai passé le week-end suivant à m'entraîner. J'avais emprunté le livre de cuisine de Liz, et j'y mettais tout mon cœur ! Mes premiers essais ont été catastrophiques, mais ça ne me décourageait pas pour autant. J'ai découvert que j'aimais beaucoup avoir les mains dans la pâte et imaginer de nouvelles recettes. En fin d'après-midi, le dimanche, j'ai enfin réussi à obtenir des cupcakes qui ressemblaient vaguement à des cupcakes. Le week-end a filé à toute vitesse. Je me sentais bien, détendue.

Une autre idée m'est venue, encore plus excitante : j'allais créer un club de pâtisserie ! C'était un peu fou, et j'ignorais si papa serait d'accord, mais pour la première fois depuis des mois, j'avais le sentiment de me rapprocher de ma mère.

En nettoyant les moules et les casseroles, je me suis même surprise à chanter…

Chapitre Cinq

Miss Cupcakes

J'avais fabriqué une affiche, et Monica m'avait proposé de la coller à l'intérieur de l'école du quartier. Je ne lui avais pas encore parlé de la bourse, parce que je ne voulais pas lui donner de faux espoirs. J'attendais la décision de mon père.

Depuis qu'il avait accepté mon idée de club, je flottais sur un petit nuage.

Nous avions négocié, lui et moi. Comme il ne voulait pas d'une horde d'enfants galopant dans toute la maison, j'avais pensé à préciser notre numéro de téléphone pour réserver.

Papa avait limité le nombre d'invités à huit. La veille de la première réunion de mon club « Miss Cupcakes », j'avais reçu trois appels, mais je n'étais pas déçue. J'avais eu si peur qu'il n'y ait personne ! Je voulais aussi prouver à mon père que je pouvais aller au bout de mon projet. C'était une manière de lui montrer que je n'étais plus une petite fille et qu'il pouvait me faire confiance.

Le samedi, à 14 heures, j'attendais donc Emma, Sophie-Rose et Maddy, tandis que mon père travaillait dans son bureau. J'avais choisi une recette simple

et amusante à réaliser : un crumble aux pommes et au pop-corn. Il y avait aussi des sodas, des jus de fruits, et j'avais même pensé à la musique – des groupes conseillés par Monica.

Je ne cessais de me répéter que tout allait bien se passer. Après tout, je n'espérais pas me faire des amies, juste rencontrer des filles avec qui discuter et passer un chouette après-midi, les mains dans la farine. Depuis l'épisode de Judy et Julia, j'avais bien compris la leçon : il ne fallait pas forcer les choses.

Respire, Violetta. Reste zen.

J'étais parfaitement calme. La preuve, lorsque la sonnerie a retenti, je me suis ruée comme une fusée pour aller ouvrir, et j'ai failli me prendre les pieds dans le paillasson.

Zen, Violetta.

Deux filles, en jean et baskets, se trouvaient sur le perron. J'ai eu soudain un peu honte de la robe blanche que j'avais choisie – la plus belle de ma garde-robe. Mais pourquoi est-ce que je m'étais habillée comme si j'allais à un mariage ?

— Bonjour, je suis Emma, a lancé gaiement la fille rousse.

Son sourire plein de douceur m'a tout de suite plu. Son amie, aux cheveux très courts et blonds, avait les lèvres pincées, le regard noir et les bras croisés. J'ai eu l'étrange impression qu'elle n'avait pas envie d'être là.

— Et elle, a indiqué Emma, c'est ma cousine, Sophie-Rose.

Bien décidée à ce que mon club soit une réussite – ou du moins, autre chose qu'un ratage complet – je les ai saluées, avec mon plus beau sourire.

— Je m'appelle Violetta, bienvenue chez moi !

Une autre fille est arrivée en courant. Elle était vêtue d'une jupe courte, d'un haut à bretelles et de ballerines. L'espace d'un instant, je me suis imaginé la tête horrifiée de mon père s'il me voyait dans une tenue pareille.

— Je ne suis pas en retard, j'espère ! s'est-elle écriée entre deux éclats de rire. C'est à cause de mes cheveux, je n'arrivais pas à les lisser. Au fait, moi, c'est…

— Maddy, ai-je terminé.

— Eh ouais ! La meilleure pour la fin ! a-t-elle plaisanté.

Elle débordait de bonne humeur, et je l'ai immédiatement trouvée sympathique. Hormis Sophie-Rose et son air renfrogné, je me suis dit que j'avais de la chance. Mes invitées semblaient vraiment gentilles. Grâce à maman, j'allais passer un bel après-midi, à préparer des gâteaux entre filles.

Tandis que j'allais refermer derrière elles, j'ai entendu quelqu'un crier. J'ai rouvert en grand, surprise. C'était Aaron, le fils aîné des Cleaver. Je l'avais aperçu plusieurs fois en compagnie de Monica.

Il s'est figé sur le perron, rouge comme un coquelicot.

— Euh… a-t-il bredouillé. Je voulais savoir si… Enfin, si je pouvais venir aussi ? Je sais que je n'ai pas réservé, mais… en fait, j'ai hésité. J'avais peur que les autres se moquent de moi.

— Pourquoi ?

— Un garçon qui aime la pâtisserie… En plus, tu as appelé ton club « Miss Cupcakes ».

J'ai compris ce qu'il voulait dire. Les gens ont une fâcheuse tendance à ranger les autres dans des cases. Les

garçons sont supposés aimer le foot, les filles la danse. Ridicule. Et moi, je n'avais même pas pensé que des garçons pourraient être intéressés par mon club !

— Tu as bien fait de venir, entre !

Dans la cuisine, j'ai expliqué la recette que j'avais placardée sur la porte du frigo, en distribuant des tabliers spécialement achetés pour l'occasion. Puis je me suis approchée de Maddy, avec une casserole.

— Tu veux faire du pop-corn avec moi ?

— Et nous, on fait quoi ? a demandé Emma. Je veux dire : à part tout dévorer quand ce sera prêt ?

J'ai ri.

— Il y a aussi le caramel.

— Ça, c'est ma spécialité ! a déclaré Aaron. Si tu veux, Emma, je vais te montrer comment faire.

— Entendu.

Elle a jeté un coup d'œil inquiet en direction de Sophie-Rose, qui restait assise sur une chaise, la tête baissée. Elle n'avait pas prononcé un mot depuis son arrivée. J'ignorais pourquoi elle semblait aussi furieuse et pourquoi elle était venue si ça lui déplaisait autant, mais j'étais bien décidée à ne pas la laisser gâcher mon après-midi.

— Est-ce que tu peux te charger des pommes ? ai-je proposé, plus sèchement que je ne l'aurais voulu.

Avec un grognement d'ours, elle a attrapé le panier rempli de fruits et le couteau économe. Chacun s'est mis au travail. Aaron bavardait avec les filles de tout et de rien. Je n'avais encore jamais rencontré un garçon aussi gentil. Normal, puisque je n'avais encore jamais rencontré de garçon, tout court.

Avec une expression victorieuse, il a brandi sa casserole fumante.

— Regardez-moi ça ! Alors, c'est qui, le champion du caramel ?

Emma et Maddy ont pouffé de rire.

— C'est toi ! ont-elles répondu, visiblement pour lui faire plaisir.

Maddy a versé le pop-corn dans le grand saladier, puis lisant la recette, Aaron y a versé son caramel de champion, et moi, le beurre fondu. Des odeurs alléchantes ont empli la pièce.

L'ours n'en était qu'à sa deuxième pomme.

— Hum, et si on aidait Sophie-Rose ? ai-je lancé.

On s'est tous installés autour de la table. La conversation allait bon train. Aaron parlait de son projet de devenir pâtissier. Emma était comme moi, elle n'avait pas encore d'idée sur son futur métier. Quant à Maddy, elle voulait faire n'importe quoi « du moment que ça avait un rapport avec la mode ».

Pendant ce temps, Sophie-Rose continuait de bouder. Ça en devenait vraiment énervant. J'ai pris une profonde inspiration pour lui demander le plus gentiment possible :

— Et toi ? Tu as une idée de ce que tu veux faire plus tard ?

— En quoi ça te regarde ? a-t-elle aboyé. Est-ce que je te pose des questions, moi ?

C'en était trop.

— De toute évidence, tu n'as aucune envie d'être ici, avec nous. Alors, tu peux nous dire pourquoi tu es venue ? Pour nous embêter, c'est ça ?

Alors, à la stupeur de tous, elle a éclaté en sanglots, avant de se précipiter dans le jardin.

J'ai attendu quelques minutes, puis je suis allée la rejoindre. Assise sur le banc, elle avait le regard rivé sur la haie de rosiers, un mouchoir serré en boule dans sa main. Ne sachant trop quoi dire, je me suis installée près d'elle. Même si elle ne pleurait plus, Sophie-Rose avait les yeux rouges. Je regrettais de m'être emportée. La phrase de Monica m'est revenue : « La peine et la colère sont souvent liées. »

J'aurais dû deviner que l'attitude de Sophie-Rose cachait autre chose.

— Je suis désolée…

Elle a reniflé.

— Non, c'est ma faute… Je ne suis pas comme ça d'habitude. En fait, hier, mes parents m'ont annoncé qu'ils voulaient divorcer.

J'ai éprouvé de la peine pour elle.

— C'est ma mère qui a tenu à ce que j'accompagne Emma à ta réunion, a-t-elle poursuivi, rageuse. Elle voulait que je me change les idées. Tu parles ! Comme si c'était possible ! Ce n'est pas un gâteau qui va m'aider à me sentir mieux.

J'ai acquiescé. C'était difficile de trouver les mots pour la réconforter. Je savais ce que c'était de voir son monde s'écrouler. L'a colère, le chagrin, je connaissais. Bien sûr, ses deux parents à elle étaient en vie, mais je pouvais imaginer ce qu'elle ressentait. Sa vie ne serait plus jamais la même. Et elle n'y pouvait strictement rien.

— Non, c'est sûr. Je te comprends. Si tu as envie de rester seule ici, pas de souci. Et si tu veux manger le crumble avec nous, ça me va aussi. Fais comme tu veux, d'accord ? Tu n'es pas obligée d'avoir l'air gai, si tu te sens triste. Tu n'es même pas obligée de parler.

Elle m'a regardée et a grimacé un pauvre sourire.

— Tu peux retourner avec les autres ? J'arrive dans cinq minutes.

Un peu plus tard, mon père est descendu dans la cuisine, en prétextant une petite soif. J'ai deviné qu'il s'inquiétait de savoir comment ça se passait et si je gérais correctement la situation. Emma, Sophie-Rose, Maddy, Aaron et moi étions assis autour de la table, et les rires fusaient. Sophie-Rose avait toujours le regard triste, mais elle souriait de temps en temps.

— Tout va bien, les enfants ? a demandé papa, dans l'embrasure de la porte.

— Oui, oui, ai-je répondu. Tout va très bien. Tu peux nous laisser.

— Gardez-moi une part de gâteau, d'accord ?

Et il est reparti, après un long coup d'œil à la ronde.

Le soir, dans mon lit, je me demandais encore ce qui me rendait le plus heureuse.

D'abord, la réunion de « Miss et Mister Cupcakes » – j'avais ajouté « Mister » pour Aaron – avait été un succès. D'ailleurs, à la demande générale, j'allais en organiser une autre, très prochainement – enfin, si mon père ne décidait pas encore de déménager subitement !

Sophie-Rose m'avait dit qu'elle viendrait. J'étais contente

de pouvoir lui apporter un peu de soutien.

Ensuite, mon père m'avait fait confiance. Il m'avait laissée mener la réunion à ma guise sans intervenir et en ne me surveillant presque pas. Cerise sur le gâteau, il avait accepté de donner une bourse à Monica ! Peut-être avait-il compris que j'avais grandi ? Je l'espérais...

Ça avait été une journée merveilleuse, où il avait été question de confiance et de colère. La mienne ne bouillonnait plus. J'avais adoré préparer le crumble et discuter avec mes invités, comme maman lorsqu'elle avait mon âge.

Ce jour-là, j'ai enfin pu prononcer cette phrase banale pour les autres, mais qui me faisait tant rêver :

— Je suis comme ma mère.

Chapitre Six

Une amitié naissante

— Certains disent que Paris est la capitale européenne de la mode, mais perso, je trouve que Londres mérite encore plus ce titre. C'est une ville si moderne, si créative ! Toi qui as vécu là-bas, tu en penses quoi, Violetta ? Londres ou Paris ?

Assise sur mon lit, Romane a levé le nez de son magazine de mode tandis que je cherchais une réponse.

Mes seules connaissances dans le domaine se limitaient à mes quelques conversations avec Maddy – autrement dit, je ne savais pas grand-chose.

— Tu sais, mon père ne me laissait pas souvent sortir. Alors…

Romane s'est levée d'un bond, en balançant son magazine.

— Quoi ? Tu vivais à Londres et tu ne faisais pas de shopping ? J'y crois pas !

Installée en face d'elle, sur ma chaise de bureau, je suis devenue écarlate. J'avais honte d'avoir commis ce qui semblait être un crime impardonnable. Honte surtout d'avoir un père qui me considérait toujours comme une petite fille.

Elle s'est rassise, en secouant la tête et en récupérant son cher magazine.

— Incroyable !

Romane était la fille d'un collègue de papa, et je discutais avec elle pour la deuxième fois. Ce jour-là, elle portait un short noir et un chemisier blanc, cousus ensemble à la taille, ainsi que des sandales compensées aux semelles vertigineuses – elle m'avait informée que ça s'appelait des plateformes. Avec ses cheveux rasés d'un côté, longs de l'autre, et son joli teint doré, elle avait l'allure d'une star de RnB. La première fois que je l'avais vue, j'avais été immédiatement fascinée. Moi, avec ma petite robe à fleurs, mes sandales plates et ma coiffure toute simple, je n'avais plus eu qu'un seul souhait : devenir son amie.

Je venais d'avoir douze ans, et nous vivions en France depuis presque six mois. Comme ma professeure était française, j'avais vite appris les rudiments de cette langue. Romane, elle, se débrouillait en anglais, si bien que nous arrivions à communiquer sans trop de problèmes. Nos conversations étaient un joyeux fouillis bilingue, et même trilingue parfois, lorsque mon espagnol ressurgissait sans crier gare.

Mais je restais intimidée. Romane n'avait beau avoir qu'un an et demi de plus que moi, j'avais l'impression d'être une fillette, comparée à elle. Elle parlait mode, copines et… garçons. J'admirais son air rebelle, son caractère fort, sa façon de s'adresser à son père, avec autorité et fermeté. Romane savait ce qu'elle voulait, et elle ne se laissait pas marcher sur les pieds. J'aurais tellement voulu être comme elle.

C'était papa qui avait proposé à son collègue d'amener une fille chez nous, lorsqu'ils travaillaient le samedi à la maison.

Il m'avait arrachée à ma petite vie londonienne, juste au moment où je commençais à m'y sentir bien, et j'en avais souffert. J'avais beaucoup pleuré en disant au revoir à Monica. Elle était comme une grande sœur pour moi, et la quitter m'avait brisé le cœur. Bien sûr, elle m'avait promis de m'appeler souvent, mais je me disais qu'elle finirait par m'oublier, à cause de la distance.

— Est-ce que c'est ta mère, sur cette photo ? C'est fou comme vous vous ressemblez.

Romane désignait le cadre en forme de cœur, posé sur ma table de nuit : une belle photo de maman et de moi, dans un jardin public de Buenos Aires. J'ai acquiescé.

— Oui. C'était une grande chanteuse.

— C'était ? (Elle a battu des paupières en comprenant.) Oh, je suis désolée. On peut dire que j'ai vraiment le chic pour poser les mauvaises questions.

J'ai souri.

— Ne t'en fais pas. Je suis toujours heureuse de parler d'elle, et c'est sympa de t'intéresser à moi.

C'était vrai, j'étais touchée qu'une fille aussi cool que Romane s'intéresse à moi. Elle a poussé un soupir de soulagement, avant de s'exclamer :

— Mais tu es quelqu'un d'intéressant, tu sais !

— Bof, moi, je me trouve plutôt… fade. Physiquement, je veux dire.

Elle s'est approchée pour examiner mes cheveux et mon visage, d'un air expert. Je l'ai laissée faire, amusée et ravie. J'étais invitée dans le monde passionnant de Romane, et j'aurais fait n'importe quoi pour y demeurer le plus longtemps possible.

— Fade ? Pas du tout ! Tu es super jolie, au contraire. Mais le souci, c'est que tu ne sais pas te mettre en valeur. Violetta, tu vis à Paris. Pa-ris ! a-t-elle répété en posant les mains sur ses hanches. Et tu t'habilles comme si tu venais d'un village. C'est juste impossible ! Il faut absolument que je t'aide à devenir une vraie fashionista. Je vais te relooker.

Elle est sortie de la pièce, sans un mot. Je me suis demandé ce qu'elle allait faire... Lorsqu'elle est revenue quelques instants plus tard, avec un veston de mon père à la main, j'en suis restée bouche bée.

— Attends, tu vas voir, m'a-t-elle dit.

Elle s'est ensuite mise à fouiller dans mon armoire et à jeter mes vêtements aux quatre coins de la chambre, avec des commentaires dégoûtés. Elle paraissait très concentrée, telle une artiste. Aussi, je n'ai pas osé intervenir, de peur de lui faire perdre son inspiration. Après avoir entièrement vidé ma garde-robe, elle a attrapé un jean et un chemisier rose. Puis elle s'est assise à mon bureau, et je l'ai regardée « opérer » mes vêtements, à l'aide d'une paire de ciseaux.

Lorsque je suis ressortie de ma salle de bains, vêtue de la tenue *made by* Romane, cette dernière a applaudi.

— Tu es topissime !

Topissime ? Je n'en étais pas sûre. En tout cas, je m'observais dans la psyché, avec le sentiment étrange d'être subitement devenue quelqu'un d'autre. C'était à la fois déroutant et excitant. Le jean était lacéré aux genoux, et sous le veston noir laissé ouvert, le chemisier rose avait perdu ses manches.

— Tu n'aimes pas ? s'est inquiétée ma styliste.

Je me tournais dans tous les sens, me reconnaissant à peine. Plus je me regardais, plus je me trouvais différente. Mais c'était loin d'être désagréable.

— Ça me plaît.

Romane avait toujours les ciseaux à la main. Lorsqu'elle a fixé mes cheveux du regard, j'ai compris en quoi consistait la prochaine étape de ma métamorphose.

— Assieds-toi, maintenant. Une frange au ras des sourcils sera parfaite sur toi.

Elle a dû voir mon air effaré, parce qu'elle a ajouté :

— Ne t'inquiète pas. J'ai vu un tutoriel sur Internet, et je me suis déjà exercée sur Kiki… euh, mon yorkshire.

Était-ce censé me rassurer ? Mais je mourais tellement d'envie de devenir son amie et aussi de lui ressembler – ne serait-ce qu'un peu – que j'aurais tout accepté. Elle a tourné la psyché de l'autre côté, pour m'empêcher de me regarder.

— Il faut que ce soit une surprise.

Je crois que j'ai fermé les yeux à un moment donné, pour ne plus voir mes mèches tomber sur le sol. Mais je n'avais pas peur, j'étais ravie. Ma coupe achevée, Romane s'est écartée et a retourné le miroir. Je me suis levée.

— Est-ce que c'est vraiment moi ? ai-je murmuré, éberluée.

La frange n'était pas tout à fait régulière, et alors ? J'adorais ce que je voyais. Je n'avais plus rien d'une petite fille. C'était comme si, d'un coup de baguette magique, Romane m'avait transformée en une adolescente, une Parisienne à la pointe de la mode. Devant mon expression comblée, elle a semblé atteindre le summum du bonheur.

— Oui. C'est la manière dont moi, je te voyais. Maintenant, il faut que je t'emmène en virée shopping dans les

grands magasins. On y va ? Ça me ferait vraiment plaisir.

— Euh… Je ne sais pas si mon père…

Elle a froncé les sourcils, et mon cœur a eu un raté. Je sentais que si je n'y allais pas avec elle, elle ne voudrait plus être mon amie.

— Non, en fait, ça ira. J'ai douze ans, oui ou non ?

— Voilà, bien parlé ! a lancé Romane. Je suis fière de toi, Violetta !

C'est ce moment que mon père a choisi pour faire irruption dans ma chambre, sans avoir frappé. Ça a eu le don de m'agacer, d'emblée. Le temps d'un essayage, j'avais eu la sensation d'être une ado. À cause de papa et de sa manie d'entrer à l'improviste, je redevenais une petite fille. Je voulais rester celle que je voyais dans la glace. Et j'étais certaine que le père de Romane respectait son intimité, lui.

— Violetta, Stéphane et moi, on va… a commencé papa, avant de s'interrompre.

Ses yeux ahuris se sont d'abord posés sur ma tête, puis sur mes vêtements, et enfin sur le capharnaüm qui régnait dans la pièce.

— Mais qu'est-ce que vous avez fait ?

Il me demandait cela comme si j'avais encore six ans ! Ça m'a rappelé la fois où il m'avait grondée en me retrouvant endormie sur la plage de Rio.

J'ai eu terriblement honte devant Romane. Qu'allait-elle penser de moi ?

— On s'amusait, papa, c'est tout ! D'ailleurs, Romane dit que mes vêtements sont nuls, et elle m'a proposé de m'emmener faire les magasins. On sera de retour dans deux heures.

Je ne lui demandais pas la permission, parce que je me disais que c'était ce que Romane ferait. Mon père a semblé décontenancé.

— Euh… bon, bon. D'accord… Tu veux que Ramallo vous emmène ?

— Non, merci. On prendra le bus.

Romane m'a décoché un petit clin d'œil approbateur. J'étais aux anges.

Nous avons passé le reste de l'après-midi dans les grands magasins du boulevard Haussmann. Hormis peut-être lors de ma première réunion de « Miss et Mister Cupcakes », je ne me souvenais pas m'être autant amusée de toute ma vie ! Nous sommes tombées par hasard sur des copines de Romane, des filles d'au moins quinze ans, et elle m'a présentée comme étant son élève de la mode.

J'ai adoré faire partie de leur groupe. Mais j'ignorais toujours si Romane me considérait comme une amie.

Sur le chemin du retour, elle s'est mise à chanter en anglais.

— C'est joli, l'ai-je complimentée, avec sincérité.

Elle a ri.

— Tu parles ! Je suis certaine que tu chantes mille fois mieux que moi.

Je ne comprenais pas ce qu'elle voulait dire. Je n'avais encore jamais chanté devant qui que ce soit, même si je me rendais compte au fil du temps que la musique faisait partie de moi. Chaque fois que je me sentais triste ou gaie, je me mettais naturellement à chanter. Mais toujours dans le secret de ma chambre…

— Je n'ai pas le talent de ma mère, tu sais, ai-je répondu en haussant les épaules.

— Moi, je crois que si. En France, on a un proverbe qui dit : « Les chiens ne font pas des chats. » Il suffit de t'écouter parler pour savoir que tu as une voix magnifique, Violetta.

En arrivant à la maison, j'étais assoiffée, éreintée, et je ne sentais plus mes pieds, essentiellement à cause de la nouvelle paire de sandales à talons que Romane m'avait conseillé d'acheter. Mais j'étais heureuse. Mon père étant sorti avec Stéphane, j'ai invité Romane à venir boire un verre de soda dans la cuisine. Léo, le fils de notre gouvernante, s'y trouvait. Il devait attendre que sa mère termine son service, comme ça lui arrivait souvent. Il semblait assez sympa mais, à vrai dire, je ne lui prêtais pas beaucoup d'attention.

C'était un garçon. Qu'est-ce que j'aurais pu lui dire ?

— Salut, ai-je marmonné en ouvrant le frigo.

J'ai senti que Romane me donnait un petit coup de coude. J'ai levé le nez pour faire les présentations.

— Ah oui… Euh… voici Léo. Léo, Romane.

Lorsqu'il l'a regardée, elle est devenue rouge coquelicot. Je me suis demandé pourquoi. Pendant à peu près dix secondes. Ensuite, je me suis souvenue qu'elle m'avait dit adorer les garçons plus âgés qu'elle et blonds aux yeux bleus.

Léo devait avoir seize ou dix-sept ans. Il avait les yeux azur, et une belle mèche blonde lui tombait sur le front.

Chapitre Sept

Le groupe

J'ai laissé Romane quelques instants pour aller ranger mes achats. Je préférais attendre un peu avant de montrer ma nouvelle garde-robe à mon père. À mon retour dans la cuisine, Romane et Léo étaient assis autour de la table et discutaient. Ou plutôt, elle le bombardait de questions, en lui laissant à peine le temps de reprendre son souffle. Elle paraissait si captivée qu'elle ne m'a pas entendue revenir. Le menton posé sur les mains, elle gardait le regard rivé sur Léo.

— Alors, comme ça, tu as monté ton groupe ?

— Nous sommes seulement des amateurs, tu sais. Mais nous travaillons dur, a-t-il expliqué, un rien embarrassé.

Lorsque j'ai ouvert la porte du frigo pour me servir du soda, Romane s'est tournée vers moi.

— Violetta, tu savais que Léo était musicien ?

J'ai secoué la tête en souriant. Mes conversations avec lui n'avaient jamais été plus loin que « bonjour-bonsoir », et il m'avait toujours semblé que ça lui convenait à lui aussi.

— Avec son groupe, ils répètent tous les samedis dans un garage. Je trouve ça trop génial !

Léo a baissé le nez sur son verre en se raclant la gorge.

— Faut pas exagérer…

Sa gêne était palpable, et l'idée que Romane souhaitait se faire inviter à l'une des répétitions m'a traversée. De toute évidence, cette perspective n'avait pas l'air d'emballer Léo. Il faisait semblant de ne pas comprendre, alors que ça crevait pourtant les yeux.

— Bon, je crois que ma mère aura bientôt fini… a-t-il marmonné, en se levant.

Il cherchait visiblement un moyen d'échapper à Romane. Mais elle ne comptait pas le laisser s'en aller aussi vite. Elle l'a suivi jusqu'à l'évier, où il a déposé son verre vide. Une partie de moi avait vraiment pitié de Léo.

— Et vous avez un chanteur ? a-t-elle demandé.

— Non. Ce n'est pas facile d'en trouver un bon, a-t-il murmuré d'un ton ennuyé, en rinçant son verre.

Romane m'a décoché un coup d'œil qui m'a alarmée. J'ai eu l'impression qu'un train lancé à vive allure me fonçait dessus et que je ne pourrais rien faire pour l'éviter. Je faisais désespérément « non » de la tête, dans le dos de Léo, tandis qu'elle formulait un « oui » muet avec ses lèvres.

— Moi, je connais une fille qui a une voix en or… a-t-elle poursuivi. Et elle est juste dans cette pièce.

Léo a fait volte-face, brusquement intéressé.

— C'est vrai ? Je ne savais pas que tu chantais, Violetta.

Je me suis sentie rougir.

— Je ne chante pas, en fait. Par contre, Romane se débrouille très bien. Je l'ai entendue, tout à l'heure.

Léo a tourné la tête vers mon amie.

— En tout cas, si ça vous dit, vous pourriez venir faire un essai, samedi prochain ?

— Mon père… ai-je commencé.

Tel que je le connaissais, il n'accepterait jamais que j'assiste aux répétitions d'un groupe de garçons ! Des « garçons. » Je ne pouvais même pas imaginer sa tête lorsque je prononcerais ce mot devant lui. Pendant un moment, il y a eu comme un flottement. Puis j'ai regardé Romane, qui attendait ma réponse avec des yeux suppliants.

— Dis oui, Violetta, s'il te plaît. Mon père est plutôt cool, mais il ne me laissera pas y aller si tu ne viens pas avec moi.

Je voulais tant devenir son amie. À cet instant, rien d'autre ne comptait. Ni l'odieux mensonge que je devrais inventer pour que mon père me laisse sortir le samedi suivant ni ma peur de ne pas être à la hauteur en tant que chanteuse. Je ne voyais que Romane. J'avais passé un merveilleux après-midi avec elle, et je ne voulais surtout pas que ça s'arrête. C'était l'occasion ou jamais de lui prouver que j'étais assez cool et mature pour faire partie de sa bande de copines.

— Bon, c'est d'accord…

Romane a passé un bras affectueux autour de mes épaules.

— Tu es géniale, Violetta. Je t'adore.

Je t'adore… Si l'espace d'un instant, j'avais failli regretter mon choix, mes doutes venaient de s'envoler comme par enchantement.

Sept jours. Sept jours entiers à ne penser qu'à la répétition. J'étais passée par toutes les émotions possibles : joie, surexcitation, peur, impatience. Si bien que le samedi midi, lorsque j'ai rejoint mon père pour le déjeuner, je n'avais presque pas dormi de la nuit. J'avais les joues rouges, la voix incertaine, et je savais que mon mensonge se lisait clairement sur mon visage. Par chance, papa était distrait. Il mangeait tout en étudiant un dossier.

Je me suis efforcée de prendre un air détaché, sans vraiment y parvenir.

— Je peux aller au cinéma avec Romane, cet après-midi ?

— Entendu. Mais retour avant 18 heures, d'accord ?

— Pas de problème.

Il a dû ajouter quelque chose, mais je ne l'ai pas entendu, parce que j'avais déjà fui dans le couloir.

Il était 14 heures, et Romane m'attendait devant la porte. Le garage de Léo n'étant situé qu'à quelques rues, nous avions décidé de nous y rendre à pied. En chemin, Romane n'a pas cessé de me parler de Léo. De son regard à tomber, de son irrésistible sourire, de ses adorables fossettes, etc. Elle m'a avoué qu'elle n'avait pas arrêté de penser à lui.

Lorsqu'elle m'a fait jurer de garder le secret, mon cœur s'est gonflé de joie. Moi, Violetta, j'étais devenue sa confidente...

Le garage n'était pas aussi crasseux que je l'avais craint. Il était même très propre, peint en blanc et décoré de posters. Un canapé rouge avait été placé dans un coin. À notre arrivée, les cinq membres du groupe Five Access étaient en train d'accorder leurs instruments. Léo a abandonné sa batterie pour nous accueillir.

Romane s'est penchée à mon oreille.

— Tu vas être formidable, je le sais. Respire un grand coup.

— Je ne veux pas chanter, ai-je répondu en m'asseyant. Mais toi, vas-y.

Elle m'a souri. Léo lui a donné un texte, et ils ont joué une fois, pour qu'elle puisse écouter la musique. La chanson ressemblait à un titre que j'aimais bien du chanteur James Bay. C'était à la fois doux, nostalgique et entraînant.

Mais quand ils ont eu terminé, Romane a attrapé le micro, les mains tremblantes. Son trac se voyait à des kilomètres. Je devais l'aider.

— Ce n'est pas grave, si tu te trompes. Amuse-toi !

Elle a pris une profonde inspiration et s'est lancée. Il y avait encore peu de temps, je me morfondais dans ma chambre, en déplorant de ne pas connaître une formule magique pour pouvoir grandir plus vite. Et voilà qu'en cet instant, je me trouvais dans un garage, avec ma nouvelle amie et un groupe de garçons ! Je devais profiter de ce moment, sans me poser de questions, même si je regrettais d'avoir dû mentir à mon père.

Lorsque Léo et ses amis ont arrêté de jouer, il m'a fallu un moment pour redescendre sur terre. L'espace d'une chanson, je m'étais imaginée aux côtés de Romane, parmi les

musiciens… Tout en l'écoutant, une partie de moi était en train d'écrire le scénario dans lequel je me levais pour aller la rejoindre et chanter avec elle. Mais l'autre partie – la plus réaliste – savait que je n'oserais jamais. C'était juste un rêve que je faisais les yeux grands ouverts. Rien qu'un joli rêve.

Comme elle me regardait, l'air inquiet, j'ai levé un pouce victorieux en murmurant :

— C'était top.

— Vraiment ?

— Je te le jure.

Au même moment, Léo a jeté un coup d'œil à ses amis, comme pour se concerter. Les autres ont hoché la tête.

— C'est trop bête… a-t-il commencé.

Romane s'est forcée à sourire. La pauvre ! Elle avait tant espéré que Léo aimerait sa voix.

— Oh, je comprends, ne t'en fais pas. Je savais bien que je n'étais sans doute pas au niveau pour chanter avec vous…

Léo et ses amis ont éclaté de rire. J'étais complètement perdue. Romane semblait aussi perplexe que moi.

— C'est trop bête, a-t-il continué, parce qu'à cause de toi, on va être obligés de changer le nom du groupe : on va devoir s'appeler les Six Access.

Elle a ri, au comble du bonheur. Et moi, j'étais folle de joie pour elle.

Pendant quatre semaines, je suis allée au garage, à l'insu de papa. Même Romane ignorait que je lui mentais. Je ne pouvais pas lui avouer que je devais inventer des prétextes pour que mon père m'autorise à assister aux répétitions des

Super !

garçons. Je voulais qu'elle me considère comme une égale. Elle me parlait de Léo et de son rêve de devenir sa petite amie… Je ne comprenais pas toujours ce qu'elle éprouvait, mais j'essayais. Être amoureuse était encore une chose très mystérieuse pour moi. Grâce à ses confidences, nous nous étions beaucoup rapprochées, toutes les deux.

Chaque répétition était un moment fabuleux, que je me repassais en boucle dans ma tête jusqu'au samedi suivant. Mon père a seulement remarqué que je semblais heureuse, ces derniers temps…

Un soir, lorsqu'il est venu frapper à la porte de ma chambre, en tonnant un « Violetta ! » sur un ton glacial, j'ai compris que mon rêve était fini. J'ignorais comment papa avait découvert la vérité. Peut-être était-ce la mère de Léo qui lui avait parlé des répétitions ? Ou son

collègue, Stéphane ?

Au fond, ça n'avait aucune importance.

J'avais toujours su que ça se terminerait ainsi, mais je n'avais pas voulu voir la réalité en face. Je me suis excusée, j'ai tout accepté, et mon père m'a finalement dit qu'il me pardonnait, même s'il était obligé de sévir. Quand l'interdiction de sortir est tombée, je ne me suis pas rebellée. J'avais menti et je n'en étais pas fière.

Mais ce n'était rien, comparé à la honte que je ressentais vis-à-vis de Romane.

Chaque fois que je pensais à elle, j'avais envie de pleurer. J'avais tout gâché.

Elle m'a appelée le lendemain, pour me dire qu'elle ne m'en voulait pas. Elle était surtout triste de ne plus pouvoir assister aux répétitions de Léo, et je

savais que c'était ma faute. Sans moi, elle n'était plus autorisée à aller au garage…

Elle m'a promis qu'elle reviendrait me voir, avec son père, dès qu'elle le pourrait. Mais j'ai senti que notre amitié ne serait plus la même. Je me suis juré de tout faire pour réparer mon erreur.

Malheureusement, je n'en ai pas eu le temps.

Quelques jours plus tard, papa m'annoncait que nous quittions Paris.

Chapitre Huit

Le cœur qui bat

J'en avais plus qu'assez des déménagements. À chaque nouveau départ, il fallait tout recommencer. M'habituer à un pays, à une culture, me familiariser avec une autre langue, essayer – je dis bien « essayer » – de me faire des amis. Depuis l'accident de maman, j'avais l'impression de vivre dans une sorte de tourbillon, et à treize ans, j'en arrivais à un point où je ne savais plus trop qui j'étais. J'étais un peu comme un arbre que l'on déracinait sans cesse pour le replanter ailleurs, en espérant qu'il continue de pousser, tant bien que mal.

Comment se construire dans ces conditions ?

Il y avait eu la petite Violetta triste de Rio, celle peu sûre d'elle de New York, cette autre de Londres qui avait pris de l'assurance, et la fille de Paris qui rêvait d'être une ado…

Avec papa, nous vivions dans la proche banlieue de Rome, une ville superbe, pleine de soleil, de vie et d'histoire. Sans oublier la succulente cuisine italienne ! Dina, ma prof, était un puits de science, et ses cours étaient intéressants. Mais mon esprit était souvent ailleurs. Ces derniers mois, quelque chose n'avait fait que grandir en moi, et plus le temps passait, plus cela devenait une certitude : je voulais apprendre à chanter. Mon expérience avec les Five Access m'avait convaincue que je devais essayer. Le soir, avant de m'endormir, je me remémorais les répétitions avec Léo et Romane.

Si j'avais perdu mes repères, j'avais enfin trouvé une bouée à laquelle me raccrocher : la musique. Et je n'étais pas près de la lâcher.

Ce jour-là, mon père était en rendez-vous d'affaires, et mes cours terminés, je me suis installée au piano. J'avais appris à en jouer avec certains de mes professeurs. La veille, j'avais écrit un texte et composé une musique. Oh, ce n'était vraiment rien d'extraordinaire, j'en avais conscience, mais j'avais adoré ça. Mettre des mots et des notes sur mes émotions, c'était presque aussi chouette que de chanter. Dans le salon silencieux, aux persiennes à demi closes, je me suis mise à jouer…

— Violetta ?

J'étais tellement concentrée que mon père était arrivé sans que je m'en aperçoive. J'avais beau scruter son visage, je n'arrivais pas à deviner ce qu'il pensait. Était-il là depuis longtemps ? M'avait-il écoutée ? Je n'ai pas osé lui poser la question… Je n'avais encore jamais chanté devant lui – ni devant qui que ce soit d'ailleurs –, et je craignais sa réaction plus que tout.

— Ça va, papa ? ai-je bredouillé, les joues couleur pivoine et le cœur battant à mille à l'heure.

— Oui, et toi ?

J'ai hoché la tête, et il a tourné les talons, sa mallette à la main.

J'ignorais s'il m'avait entendue, mais je me suis dit que c'était le moment ou jamais de lui parler de mon rêve secret.

Je me suis levée, et je l'ai suivi, les jambes flageolantes.

— Je voudrais te dire quelque chose... J'aime chanter, papa. Je sais que je ne suis pas aussi douée que maman, mais j'aime ça.

Il s'est arrêté au milieu de couloir et a soupiré.

— Violetta, j'ai conscience que notre dernier déménagement t'a déstabilisée…

— Pas seulement le dernier ! me suis-je écriée, sans doute un peu trop fort, parce qu'il a froncé les sourcils. Papa, écoute... Grâce à Romane, j'ai découvert que j'avais une passion, ai-je continué plus doucement. Enfin, je crois…

À l'évocation de mon amie, il a levé les yeux au ciel.

— Tu n'as que treize ans ! Comment peux-tu savoir ce que tu veux faire plus tard ?

— Laisse-moi au moins essayer, s'il te plaît. Je ne prétends pas que j'en ferai mon métier, un jour, mais ça me plaît.

J'ai sorti le dépliant que je gardais constamment au fond de ma poche depuis plusieurs jours, en attendant le bon moment.

— Regarde, le centre de loisirs de la ville propose plusieurs activités, dont des cours de chant... J'aimerais beaucoup m'inscrire.

Je n'avais pas spécialement prévu d'évoquer ce projet, ce jour-là, mais les circonstances m'y avaient poussée. Au regard noir de mon père, je me suis dit que j'aurais peut-être mieux fait d'attendre encore un peu.

— Je suis désolé, mais il n'en est pas question, Violetta.

Il a dû voir la colère se peindre sur mon visage. Mon père me répétait que j'étais comme un livre ouvert. Il lui suffisait de me regarder pour savoir ce que je pensais. Ça avait parfois le don de m'agacer, mais je n'y pouvais rien. Le regard adouci, il a attrapé le dépliant et l'a parcouru.

— Mais je comprends que tu te sentes seule… Et pourquoi tu ne t'inscrirais pas à une autre activité ? Du foot, tiens ?

Était-il en train de se moquer de moi ? Quel était le rapport entre ce sport et des cours de chant ? Peut-être voulait-il me décourager de faire une activité à l'extérieur ? Par défi, j'ai décidé de le prendre au mot. Au moins, j'aurais le droit de sortir et de rencontrer des gens.

Romane, la reine des dictons, disait souvent : « Un "tiens" vaut mieux que "deux tu l'auras". » En attendant d'avoir l'autorisation de chanter, j'irais taper dans un ballon, puisque je n'avais pas d'autre choix, pour le moment. Mais ce n'était que partie remise.

J'ai repris le morceau de papier et j'ai déclaré :

— Ça marche.

Il en est resté bouche bée.

À cet instant, je l'avoue, j'étais assez fière de moi.

Mais la semaine suivante, pendant mon premier entraînement dans la catégorie « débutantes » – j'aurais choisi celle des « super-méga-débutantes », voire des « nulles », si elles avaient existé –, je n'en menais pas large. Non pas que j'étais mauvaise en sport. Je nageais plutôt bien, par exemple, et j'avais déjà eu l'occasion de jouer au tennis avec mon père et ses collègues. J'aimais danser, aussi. Mais le foot, c'était une autre histoire ! Je n'avais encore jamais regardé de match de ma vie.

En plus, la veille, lorsque j'avais parlé de ma nouvelle activité à Dina, elle m'avait expliqué que ce sport était très important en Italie. Elle l'avait même comparé à une quasi-religion. En entrant sur le terrain, avec mon short, mon tee-shirt bleu électrique et mes chaussures à crampons, j'ai regretté d'avoir voulu défier mon père.

Mais qu'est-ce que je faisais là ?

Durant toute la semaine, il m'avait demandé si je comptais réellement aller jouer au foot. Il me connaissait, et il espérait sûrement que je jette l'éponge. Rien que pour ça, j'avais décidé d'aller au bout de mon projet, même s'il était complètement fou. En principe, je m'étais inscrite pour trois mois, à raison de deux séances hebdomadaires, le mercredi et le samedi. Cependant, j'étais persuadée que j'allais me faire renvoyer du club en moins de deux minutes.

À mon arrivée, les autres filles m'ont dévisagée avec de grands yeux curieux. J'ai cru bon de tendre la main en me présentant. Mon italien était encore balbutiant. Heureusement, au fil des déménagements, j'avais développé une certaine aptitude pour les langues.

— Bonjour, je m'appelle Violetta. Et je n'ai jamais joué au foot.

Voilà, c'était dit ! Après un instant d'hésitation, elles m'ont finalement répondu, à grand renfort de sourires et d'exclamations. Je n'ai pas tout compris, mais d'après leur ton, j'ai eu l'agréable sensation d'être la bienvenue. J'ai aimé la chaleur avec laquelle elles m'accueillaient, sans même me connaître. Je n'avais pas connu cela à Londres ou à Paris.

Alors que les filles me posaient un tas de questions et que je les suppliais en riant de parler plus lentement, j'ai soudain entendu une voix de garçon, derrière moi.

Je me suis retournée, surprise.

— Tu dois être Violetta ? Bonjour, je m'appelle Ugo, et je suis votre entraîneur.

Il m'a souri en regardant mes cheveux.

— À ta place, je les attacherais…

Si on m'avait interrogée sur ma première séance de foot, si on m'avait demandé par exemple à qui j'avais passé le ballon ou à quel poste j'avais joué, j'aurais été bien incapable de répondre. Je n'étais même pas certaine d'avoir retenu dans quel but je devais marquer, ni même quoi que ce soit à propos des règles.

J'avais passé près de deux heures à essayer de ne pas trop me ridiculiser, non pas parce que j'étais motivée par la perspective de m'initier à ce sport, mais juste parce que Ugo me regardait.

Lorsqu'il a sifflé la fin de l'entraînement, je ne pouvais pas croire que c'était déjà terminé. Il est venu me voir pour me donner ses impressions et m'encourager.

— Tu as du potentiel, Violetta. Est-ce que tu reviens samedi prochain ?

Il m'a semblé percevoir de l'espoir dans sa voix, mais aussitôt, je me suis raisonnée en me disant que je me faisais sûrement des idées. Nous n'étions que six filles, et il avait peut-être simplement besoin d'une nouvelle recrue ? Toujours est-il qu'en entendant sa question, j'ai cru m'envoler.

J'ai failli lui répondre : « Tu parles, que je reviens ! Plutôt deux fois qu'une ! »

Au lieu de ça, je suis devenue rouge tomate et j'ai murmuré :

— Oui…

Ugo devait avoir seize ans. Il avait des cheveux et des yeux noirs, et il était beau. Mais ce n'était même pas la raison de mon trouble. Des garçons beaux, j'avais déjà eu l'occasion d'en croiser – Léo et ses amis étaient plutôt mignons.

Alors pourquoi est-ce que dès que je pensais à Ugo, mon cœur se mettait à battre la chamade ?

Chapitre Neuf

Premiers émois

— Violetta, aujourd'hui, tu vas te mettre en défense, m'a dit Ugo.

Cela faisait un mois que je vivais sur un nuage. À la fin de chaque entraînement, je n'avais qu'une hâte : que vienne le suivant. Je comptais les jours en attendant de revoir Ugo et en rêvant de pouvoir accélérer le temps.

— Entendu.

— Attends, je vais t'expliquer deux ou trois trucs, d'abord…

J'adorais quand il faisait cela. Oubliant les autres filles, qui attendaient aussi ses instructions, il s'approchait de moi et me chuchotait des conseils, comme si nous étions seuls au monde. J'avais beau savoir que c'était une attitude normale pour un entraîneur, je ne pouvais pas m'empêcher d'imaginer autre chose… Même Chiara, l'une de mes coéquipières, disait en riant qu'Ugo avait un petit faible pour moi.

Chaque fois qu'elle parlait de lui dans les vestiaires, je devenais écarlate, ce qui avait le don de la faire rire encore plus. J'avais remarqué que certaines filles me lançaient des coups d'œil, un rien jaloux. Chiara prétendait que j'étais très jolie…

— Tu as tout compris, Violetta ? s'est inquiété Ugo. Dis-moi si ce n'est pas le cas. Je veux que tu te sentes bien dans notre équipe. C'est très important pour moi.

Son sourire… Il avait le pouvoir de parler directement à mon cœur.

Ugo était différent des autres garçons. Il était plus mature, plus doux, plus attentionné. Depuis une semaine, je prenais davantage soin de mon apparence – même si après une séance de foot, je ne ressemblais plus à grand-chose ! Je me coiffais avec application, et j'utilisais le maquillage que j'avais acheté à Paris, avec Romane – juste un peu de gloss et un soupçon de mascara. En général, mon père n'était pas à la maison lorsque je partais pour mon entraînement.

Et s'il était dans les parages, je fuyais le plus discrètement possible, en ne montrant pas mon visage.

Je me disais que le maquillage lui mettrait la puce à l'oreille. Mais même sans ça, je pense qu'il aurait pu voir que quelque chose avait changé en moi, rien qu'en regardant mes yeux. Depuis que j'avais rencontré Ugo, ils brillaient en permanence…

— Allez, va te mettre en place, ma belle...

Ma belle… Il n'appelait pas les autres comme ça. Seulement moi.

Bien sûr, j'essayais de me raisonner. Ugo avait trois ans de plus que moi, et beau comme il était, il devait avoir toutes les filles à ses pieds – à commencer par celles qu'il entraînait.

Mais je me disais aussi que s'il s'occupait beaucoup plus de moi que des autres, il devait bien y avoir une raison…

— Bon, je vais te laisser.

Il m'a semblé entendre du regret dans sa voix, mais ça venait peut-être seulement de mon imagination. Ugo a posé une main sur mon épaule, et je suis partie me mettre en place, à contrecœur.

Comme à chaque fois, je me concentrais pour jouer correctement, ce qui n'était pas toujours évident. Je n'avais aucune disposition naturelle pour les sports de ballon.

— Violetta, cours ! a hurlé Ugo, des gradins.

J'ai foncé telle une fusée, sans prêter attention aux autres. Je voulais juste qu'Ugo me regarde… Mais soudain, j'ai senti une violente douleur dans mon mollet droit. L'une des filles venait de me donner un coup de pied. Je me suis écroulée sur le terrain, les larmes aux yeux, et j'ai attrapé ma jambe en gémissant.

Ugo a accouru vers moi.

— Ma belle, tu as mal ? Carolina, tu sors du terrain !

— Mais je ne l'ai pas fait exprès ! C'est elle qui s'est mise en travers de mon chemin !

Celle qui m'avait frappée s'est éloignée en marmonnant. Ugo a posé une main sur ma joue.

— Ne bouge pas, d'accord ? Je vais appeler un médecin.

Il a continué de me caresser la joue, et j'ai vraiment cru que j'allais mourir de bonheur. J'en oubliais ma jambe qui me lançait, les autres filles qui nous épiaient, la pluie d'orage qui commençait à tomber…

Je ne pensais qu'à la main d'Ugo sur mon visage.

Le samedi suivant, j'avais pris une décision : j'allais faire le premier pas. C'était sûrement une folie, mais je n'en pouvais plus d'attendre un quelconque signe, les bras croisés. Je pensais tellement à Ugo que j'en avais perdu l'appétit. Lorsque je dînais avec mon père, je me forçais cependant à manger pour ne pas éveiller ses soupçons.

Je ne pouvais pas lui parler de ce que je ressentais. Je savais qu'il n'aurait pas compris. Il m'aurait sans doute interdit de retourner au centre de loisirs ! Et ça, je ne pouvais même pas l'envisager.

Ma mère me manquait chaque jour, chaque minute. Mais dans des moments comme celui-là, le manque devenait encore plus insupportable.

Si elle avait été là, je me serais assise à côté d'elle, sur la terrasse, et je lui aurais tout raconté. Avec un petit sourire nostalgique, elle m'aurait répondu que j'avais grandi très vite, trop vite… Puis, passant une main dans mes cheveux, elle m'aurait donné des conseils sur les garçons. Elle m'aurait parlé de son premier amour, en riant, et je l'aurais écoutée, heureuse. Nous aurions vécu un moment de complicité, tout simple, mais si beau, comme peuvent en partager une mère et sa fille.

Mais je savais que ça n'arriverait jamais.

Tu me manques tant, maman…

Ce jour-là, cela faisait huit ans qu'elle était partie. Je haïssais cet anniversaire. D'habitude, je m'enfermais dans ma chambre, et papa partait dès l'aube au bureau, pour ne revenir qu'au milieu de la nuit. Ni lui ni moi n'avions la force d'en parler. Le temps passait, mais la douleur subsistait. Ce jour-là, nous nous arrêtions de vivre.

Mais pour une fois, j'allais faire un pied de nez au destin. J'allais transformer cet horrible moment en quelque chose de magique.

Après l'entraînement, je me suis remaquillée, sous les regards insistants de mes coéquipières. Je me suis efforcée de les ignorer. Comme mes mains tremblaient, j'ai dû m'y reprendre à deux fois pour appliquer mon mascara. Je me suis ensuite aspergée de parfum.

— Tu as un rendez-vous ? m'a interrogée Chiara, morte de rire.

— Peut-être… ai-je rétorqué d'un ton mystérieux.

J'ai pris tout mon temps, exprès. Je voulais que les autres s'en aillent les premières, pour me retrouver seule. Je savais qu'Ugo passait par son bureau avant de quitter le centre de loisirs. À plusieurs reprises, je l'avais aperçu sur le parking, près de son scooter...

Je ne savais pas encore ce que j'allais lui dire, ni même si un son pourrait sortir de ma bouche. Mais, au fond, qu'est-ce que je risquais ? Au pire, il me répondrait « non »... S'il y avait une chose que le décès de ma mère m'avait apprise, c'était qu'il ne fallait pas rater une occasion de dire ce qu'on avait sur le cœur. Parce qu'on ne savait jamais ce que le lendemain nous réservait...

J'avais mis une robe à bretelles et des sandales compensées qui me faisaient gagner quelques centimètres. Avec cette tenue et mon maquillage, j'espérais lui faire oublier que je n'avais que treize ans.

J'ai emprunté la sortie arrière du centre, donnant sur le parking. Mon cœur battait si fort que j'avais l'impression que toute la ville pouvait l'entendre !

Sur le perron, je me suis arrêtée quelques instants, en plissant les yeux à cause du soleil. Une fois ma vision adaptée, j'ai cherché Ugo du regard.

Il se trouvait près de son scooter rouge. Il y avait une fille avec lui. Une fille ravissante et plus âgée que moi. Elle portait un haut décolleté et une mini jupe, qui m'ont fait me sentir ridicule dans ma robe.

L'instant d'après, ils se sont embrassés.

J'ai beaucoup pleuré. Je ne me retenais pas. Au pire, si mon père entendait, il croirait que mes larmes étaient pour maman, et ça aurait été vrai aussi.

Réfugiée dans chambre, je pleurais sur ce jour maudit. Je pleurais parce que j'avais un chagrin d'amour et que ma mère n'était pas là pour me consoler. Lorsque Ugo avait serré sa petite amie contre lui, c'était comme s'il m'avait déchiré le cœur en morceaux.

Alors oui, j'avais des raisons de pleurer, et je ne m'en privais pas.

— Violetta, ma puce ? Ça va ?

Il faisait nuit, et j'ignorais à quelle heure papa était rentré. J'ai essayé d'étouffer le gros sanglot qui secouait encore ma poitrine. Jusqu'ici, j'avais pleuré comme une petite fille, sans retenue. Mais je ne voulais pas que mon père se pose des questions.

— Oui…

— On ne dirait pas, pourtant.

— Si, si, je t'assure. Ça va passer. Merci, papa.

J'aurais voulu, je crois, qu'il s'en aille. Au lieu de ça, il est resté devant mon lit, l'air embarrassé, ne sachant pas quoi faire. Mais que me voulait-il ?

— Tu peux me laisser, tu sais.

Il ne bougeait pas.

— Violetta, si quelque chose te tracasse, tu…

— C'est juste que la journée a été longue, l'ai-je coupé.

— Tu me dis bien la vérité, n'est-ce pas ?

Je n'avais pas l'intention de lui répondre vraiment. Juste de hausser les épaules, peut-être. Mais, à ma grande surprise, un autre sanglot m'a submergée comme une vague.

Papa est venu s'asseoir à côté de moi, sur mon lit, et il a fait un geste qu'il n'avait pas fait depuis des mois : il m'a prise dans ses bras. Même si mon père n'était pas le confident dont j'avais rêvé, je me suis laissée aller à lui parler de cette si longue et éprouvante journée. Je lui ai tout déballé. Ugo… mes sentiments… la fille à la silhouette de rêve… maman qui me manquait terriblement…

Je n'espérais pas qu'il me comprenne, mais j'avais besoin de me libérer d'un poids. Les mots sont sortis de ma bouche dans un flot ininterrompu. C'était comme si j'avais ouvert une vanne et que je ne pouvais plus m'arrêter. Papa m'a écoutée, non pas avec son attitude sévère habituelle. Non. Il me regardait comme lorsque j'étais petite et que je m'étais écorché le genou ou que j'avais fait un vol plané par-dessus mon vélo.

Il me considérait avec inquiétude, et amour, tandis que je serrais mon oreiller contre moi.

Lorsque j'ai eu terminé, il a baissé les yeux, et je me suis rendu compte que je venais de lui parler d'un garçon –

autrement dit, d'un sujet qu'une fille n'était probablement pas supposée évoquer avec son père. Il devait être affreusement gêné. Je m'en voulais.

— Excuse-moi, papa… je n'aurais pas dû te parler de ça.

Il a relevé le nez, l'air surpris.

— Et pourquoi ? Je ne suis pas si vieux, il y a des choses que je peux comprendre, tu sais ! Mais tu grandis tellement vite… C'est un peu dur pour moi, je te l'avoue. Parfois, je me sens, comment dire… démuni. Si seulement ta mère était encore là…

Égoïste que j'étais, j'en avais oublié que mon père souffrait, lui aussi. J'ai posé un baiser sur sa joue.

— Papa, est-ce que ça te dérangerait de me raconter comment vous vous êtes rencontrés, maman et toi ? J'ai toujours eu envie de savoir.

Il a froncé les sourcils, et j'ai cru qu'il allait refuser. Mais c'était juste pour se concentrer.

Il était près de minuit quand nous sommes descendus à la cuisine, pour nous préparer un plat de pâtes. Je n'avais encore jamais vu mon père derrière les fourneaux ! Nous avons continué de discuter, encore et encore, jusque très tard… Il m'a parlé de la première fois où il avait posé ses yeux sur maman. Il avait tout de suite su qu'elle serait la femme de sa vie. Mais il était timide, à l'époque. J'ai ri en apprenant qu'il n'avait pas osé lui adresser la parole pendant des semaines !

Avec papa, cette nuit-là, nous avons vécu un moment de complicité, tout simple, mais si beau, comme peuvent en partager un père et sa fille.

Chapitre Dix

Une professeure vraiment particulière

— Violetta, je te présente Mme Torres, ta nouvelle professeure particulière, m'a annoncé papa en entrant dans la cuisine.

J'ai posé mon bol de céréales sur la table, et j'ai levé les yeux, stupéfaite. Nous étions arrivés à Madrid seulement la veille ! J'avais secrètement espéré que mon père m'accorderait une petite pause. La villa était splendide, blanche et entourée d'un grand jardin verdoyant. Il y avait même une piscine, qui s'étalait telle une nappe bleue sous les fenêtres.

— C'est Jade qui me l'a conseillée, a-t-il poursuivi.

Mon cerveau s'est mis à marcher à toute allure. Jade ? Cette agente immobilière qui nous attendait sur le perron, hier ? Je l'avais à peine remarquée, n'ayant qu'une obsession : découvrir ma chambre et effectuer mon « rituel ». Lorsque j'étais redescendue, longtemps après, j'avais trouvé mon père et Jade en train de discuter sur le canapé du salon, et ça m'avait un peu surprise. Ils riaient ensemble, comme de vieux amis. J'étais d'autant plus étonnée que, dans l'avion, papa m'avait répété à quel point il se sentait fatigué...

Mais j'étais loin de me douter qu'ils avaient parlé de moi !

Je l'avoue, je n'y comprenais rien. De quel droit cette inconnue s'immisçait-elle dans le choix de ma professeure ? Jusqu'ici, j'avais toujours eu mon mot à dire, même si c'était papa qui, au final, prenait la décision. Depuis la malheureuse expérience « Christina » au Brésil, il s'était toujours montré très vigilant. Il étudiait longuement les CV et vérifiait scrupuleusement les références avant de recevoir les candidates en entretien.

Mais de là à recruter un général des armées !

Mme Torres se tenait dans l'embrasure de la porte. Vêtue d'un pantalon treillis et d'un tee-shirt blanc, elle m'examinait sans sourciller. Elle avait les cheveux gris, coupés très court, ce qui renforçait encore son apparence militaire et la dureté de ses traits. Avec sa silhouette fine et musclée, il était difficile de lui donner un âge. Cinquante-cinq ans ? Peut-être plus ?

Elle se tenait droite comme un I.

— Eh bien, mademoiselle Castillo, vous n'avez jamais appris à vous lever à l'arrivée de votre enseignant ?

Hein ?

J'ai quitté ma chaise, avec la furieuse envie de me mettre au garde-à-vous. J'avais quatorze ans et quelques mois, et un puissant esprit de rébellion soufflait en moi. Surtout, je n'avais pas oublié mon rêve : apprendre à chanter. J'ignorais encore quand et comment j'allais remettre le sujet sur le tapis, mais je n'étais pas près d'abandonner mon projet. La musique était devenue une chose vitale pour moi. En fait, non, depuis peu, j'avais compris que la musique faisait partie de moi.

J'adorais exprimer mes émotions à travers elle, même si j'avais conscience de mes lacunes d'un point de vue technique. C'était d'ailleurs ce qui me désespérait le plus. Je voulais tant progresser !

J'attendais la bonne occasion pour en reparler à papa.

— Oh, déjà ? a-t-il feint de s'étonner, en consultant sa montre. Je dois filer au bureau ! Bonne journée, ma puce… et à bientôt, madame Torres.

La professeure l'a salué d'un bref hochement de tête. Notre employée de maison n'étant pas encore arrivée, je me suis retrouvée seule avec le général. J'ai esquissé un geste pour me rasseoir – après tout, je n'avais pas terminé mon petit-déjeuner –, mais elle a fait claquer sa langue dans sa bouche.

— Eh bien, dépêchez-vous un peu, mademoiselle ! J'ai prévu un programme très riche pour cette journée, et il n'y a pas une minute à perdre. Nous allons d'abord commencer par déterminer votre niveau en espagnol. Votre père m'a expliqué que vous aviez souvent déménagé, ces dernières années, et que vous aviez appris plusieurs langues, mais…

Elle a continué de parler, d'un ton sec, tandis que je l'écoutais distraitement. Depuis le réveil, je ne pensais qu'à une chose : profiter du jardin. Mais, de toute évidence, le général n'allait pas m'accorder une minute de répit !

Adieu, baignades dans la piscine et lecture à l'ombre des palmiers.

La journée allait être longue…

Durant toute la matinée, je n'ai pas arrêté de travailler, si bien que j'en avais des crampes au poignet. Non pas que je n'aimais pas apprendre de nouvelles choses, mais j'aurais préféré avoir plus de temps pour m'habituer à ma nouvelle vie. J'aurais aussi aimé pouvoir discuter avec ma professeure, apprendre à la connaître.

— Bien, a-t-elle décrété. Passons maintenant en revue vos connaissances sur le monde au XVIIIe siècle…

Il était près de midi, et j'avais de plus en plus de mal à me concentrer. Le soleil dardait ses rayons par la large baie vitrée du salon, ouverte sur le jardin. Dehors, l'eau de la piscine scintillait…

— Madame Torres, est-ce qu'on pourrait faire une pause… (son regard bleu glacier s'est durci, alors j'ai cru bon d'ajouter :) s'il vous plaît.

— Je suppose que c'est envisageable. Mais pas plus d'une demi-heure.

À cet instant, je l'avoue, j'ai sérieusement projeté de m'enfuir par la porte de derrière. Mais je n'avais plus six ans.

Je me suis dit que j'allais plutôt demander à papa de recruter une autre professeure, à son retour du bureau. Après être passée par la cuisine pour me préparer un sandwich, que j'ai dévoré en deux bouchées, je suis montée dans ma chambre pour me changer. Je voyais la piscine par la fenêtre…

Tandis que je fouillais dans mes valises à la recherche d'un maillot, j'ai entendu quelqu'un frapper à la porte.

— Mademoiselle Castillo ?

Mme Torres ! Je n'y croyais pas, elle m'avait suivie !

— Je suis encore en pause, ai-je répondu, sans me démonter.

La demi-heure n'était pas passée, que je sache !

— Votre père a téléphoné. Il voulait savoir si tout se passait bien. Il attend que vous le rappeliez.

J'ai soupiré. Puis, ma serviette à la main, je suis allée ouvrir la porte. Elle a aussitôt promené son regard dans mon royaume. Je n'avais pas encore eu le temps de ranger correctement mes affaires. Des bagages et des vêtements s'étalaient un peu partout. J'imaginais ce qu'elle devait penser.

— Je suis arrivée seulement hier, me suis-je justifiée, les joues empourprées.

Mais pourquoi est-ce que je m'excusais pour ce désordre ? C'était ma chambre, et j'y faisais ce que je voulais. Avec son air sévère, le général avait le don de me faire perdre tous mes moyens. Et de précieuses minutes que j'aurais pu passer à barboter, au lieu de subir cet examen franchement désagréable.

Soudain, elle a posé son regard sur ma table de nuit, où se trouvait le cadre en forme de cœur. C'était mon rituel.

À chaque déménagement, j'installais en premier la photo de maman… Tout le reste pouvait attendre, mais pas ça. Je la voulais absolument près de moi.

Pendant quelques instants, Mme Torres n'a rien dit. Puis elle a lentement tourné la tête dans ma direction. J'ai cru voir de la stupeur se peindre sur son visage. Je n'en ai pas compris la raison.

— C'est ma mère, ai-je précisé. Elle est décédée.

Fin des explications. Le chapitre était clos. Je n'allais pas parler de maman à cette femme, encore moins chaleureuse qu'une porte de prison, et dont le cœur devait être aussi sec qu'un vieux pruneau. Je ne voulais pas de sa pitié non plus. Je voulais juste… aller nager !

— C'est incroyable… a-t-elle murmuré, pour elle-même.

J'étais perdue.

— Euh… je peux vous laisser ?

Tandis que je m'apprêtais à sortir de la pièce, un petit miracle s'est produit. Le général s'est mis à sourire, pour la première fois de la journée.

— Alors comme ça, Maria était votre mère ? Incroyable !

J'en ai lâché ma serviette.

— Vous la connaissiez ?

Son sourire s'est encore élargi. J'ai cru voir une lueur émue dans ses yeux.

— Elle a été mon élève, il y a bien longtemps, lorsque j'enseignais au lycée. À seize ans, elle avait déjà un talent fou ! C'est moi qui l'ai encouragée à prendre des cours de chant. Ses parents n'ayant pas beaucoup de moyens, j'avais réussi à lui obtenir une bourse. Je n'avais jamais entendu une voix comme la sienne. J'ai suivi toute sa carrière jusqu'à… (elle s'est éclairci la gorge, gênée, avant de terminer sa phrase :) la fin.

Si quelques heures auparavant, on m'avait dit que j'allais rencontrer une ancienne professeure de maman, je ne l'aurais pas cru. Pourtant, pour être honnête, lorsque mon père m'avait annoncé que nous partions pour l'Espagne, mon cœur avait bondi de joie. Je savais que c'était le pays où ma mère avait grandi… Venir vivre à Madrid, c'était en quelque sorte me rapprocher d'elle, de son enfance, même si jamais – ô grand jamais ! – je n'avais espéré croiser l'une de ses connaissances.

Quitter l'Italie n'avait pas été très difficile, car cela m'avait permis de tourner définitivement la page « Ugo ». Après l'avoir vu avec sa petite amie, je n'étais plus jamais retournée au centre de loisirs. J'en avais beaucoup souffert au début, mais je refusais d'espérer quelque chose qui n'arriverait pas. Chaque jour, je devais me répéter : « Non, Violetta, tu ne dois pas le revoir ! Il faut l'ou-bli-er ! »

Plus facile à dire qu'à faire… Alors, pour la première fois, j'avais été heureuse de déménager. Et voilà que le général m'apprenait qu'elle avait bien connu ma mère !

Mme Torres avait raison : c'était une coïncidence incroyable ! J'étais persuadée que mon père n'était pas au courant. S'il l'avait su, il ne l'aurait jamais embauchée. Après la stupeur, j'ai éprouvé un autre sentiment, encore plus fort. J'ai eu la certitude que cette rencontre était un signe du destin.

J'ai définitivement remisé ma serviette dans un coin, et je me suis assise sur mon lit. Subitement, je n'avais plus du tout envie de me baigner.

— Est-ce que ça vous dérangerait de me parler d'elle ? J'aimerais beaucoup savoir comment elle était, à seize ans…

J'avais conscience que, m'adressant au général, ma demande avait peu de chances d'aboutir. Mme Torres allait sûrement m'ordonner de redescendre travailler. Mais, à ma grande surprise, elle a pris place à côté de moi et elle a saisi le cadre avec précaution.

— Maria était une fille adorable… avec un caractère de cochon, parfois.

Elle a ri, et moi aussi.

— J'ai l'impression que vous tenez d'elle, je me trompe ? a-t-elle ajouté, avec de l'amusement dans la voix. Vous avez le même regard…

Je n'avais pas prévu de pleurer, mais en dépit de mes efforts, une larme vagabonde a coulé sur ma joue. Je me suis soudain sentie honteuse de me laisser aller de la sorte. D'ailleurs, un silence embarrassé s'était abattu sur la pièce. Mais qu'est-ce qui m'avait pris ? Cette femme ne pouvait pas comprendre à quel point ma mère me manquait. Elle ne pensait qu'au travail et à la discipline.

Je me suis levée, tel un vaillant petit soldat.

— Bon, la demi-heure est passée, je crois. Je suis prête à retourner dans le salon, si vous voulez. Nous en étions au XVIIIe siècle. Par exemple, je connais la Révolution française sur le bout des doigts. Ma prof à Paris adorait cette période. La prise de la Bastille a eu lieu le 14 juillet 1789, et depuis, c'est le jour de la fête nationale, là-bas.

Mme Torres n'a pas bougé.

— Décidément, vous êtes bien comme votre mère…

Je suis tombée des nues.

— Pardon ?

Elle a eu un sourire énigmatique.

— Que diriez-vous d'aller faire un tour en ville ? Je voudrais vous montrer quelque chose.

À cet instant, le bourgeon d'espoir que j'avais gardé en moi a commencé à grandir…

Chapitre Onze

Des mensonges en série

Au cours des semaines suivantes, ma vie a connu un véritable bouleversement. Grâce à Mme Torres, j'apprenais à mieux connaître ma mère. Le général me montrait les salles modestes où maman avait débuté, avant de devenir la grande star qu'elle était devenue, à force de beaucoup de volonté et d'une montagne de travail.

J'étais tellement heureuse de suivre ses pas… Je discutais même avec des gens qui l'avaient connue. Tous me répétaient, les yeux brillants, que j'étais son portrait… Officiellement, Mme Torres m'emmenait visiter des musées et des monuments – ce que nous faisions réellement, une fois ma leçon terminée.

Un après-midi, elle m'a proposé de rencontrer Pilar, la première professeure de chant de ma mère. Elle m'en parlait d'un air mystérieux, comme si elle me cachait quelque chose.

— Un beau jour, votre père devra se rendre à l'évidence. Vous avez hérité de la voix de votre mère, je l'entends quand vous parlez. Vous devez chanter !

De mon côté, je n'en étais pas si sûre… Oh évidemment, j'aimais la musique, mais de là à penser que je pouvais être aussi douée que maman, je n'y croyais pas.

En plus, je me sentais coupable. Je détestais mentir à mon père. Même si nous avions parfois des différends, notamment sur mon désir de chanter, je l'aimais de tout mon cœur. Il était le seul parent qu'il me restait…

Il travaillait énormément ces derniers temps, soirs et week-ends compris, et je le voyais encore moins qu'avant. Dans un sens, ses absences me facilitaient les choses, même si je me trouvais horrible de penser cela. N'étant pas à la maison, il ne pouvait pas s'apercevoir de la supercherie.

J'aurais préféré tout lui raconter, cela m'aurait soulagée d'un poids. Au lieu de ça, je devais jouer la comédie parce que, pour une raison qui m'échappait, il refusait que je suive la même voie que maman.

Cet après-midi-là, Mme Torres m'a conduite jusqu'à une petite maison cossue du centre-ville. Une femme âgée, à l'imposant chignon blanc, a ouvert la porte et m'a scrutée de la tête aux pieds, à travers ses lunettes rondes. Je me suis sentie gênée.

— Bonjour... madame, ai-je bredouillé.

— Alors, comme ça, vous êtes la fille de Maria ? a-t-elle lancé, en haussant les sourcils. Eh bien, entrez ! Vous n'allez pas rester sur le perron, n'est-ce pas ?

Cet accueil cinglant m'a un peu refroidie. Moi qui m'étais fait une telle joie de pouvoir discuter avec la professeure de maman ! Mme Torres s'est penchée à mon oreille.

— Elle peut paraître dure, mais c'est la meilleure, et elle adorait votre mère. Je crois que vous voir lui a fait un choc.

En effet, son émotion se lisait sur son visage ! Mais j'ai préféré garder cette remarque ironique pour moi. Pilar nous a guidées jusqu'à un luxueux salon, au mobilier ancien et visiblement très onéreux. Au centre, trônait un magnifique piano noir. J'ai résisté tant bien que mal à l'envie de caresser le bois verni et de laisser courir mes doigts sur le clavier.

Pilar ne me quittait pas des yeux.

— Vous chantez ?

J'ai secoué la tête.

— Non. Mais j'aimerais beaucoup apprendre, ai-je répondu sans réfléchir.

Elle s'est éclairci la gorge.

— Venez vendredi prochain, à quatorze heures. En attendant, pas de bavardages inutiles. Ne vous fatiguez pas la voix, d'accord ? À partir de maintenant, vous devrez apprendre à ménager vos cordes vocales. C'est votre bien le plus précieux, votre trésor.

Sur ces mots, elle nous a raccompagnées jusqu'à la porte. J'étais tellement sous le choc que je n'arrivais pas à parler. J'étais à la fois folle de joie – j'allais prendre des cours de chant, mon rêve ! – et catastrophée. D'abord parce que j'avais peur de ne pas être à la hauteur. Ensuite parce que je savais que mon père serait furieux lorsqu'il apprendrait que j'étais allée voir Pilar en cachette et qu'elle souhaitait me prendre comme élève.

Une fois sur le trottoir, Mme Torres a déclaré d'une voix étrangement tremblante :

— Vous avez une chance fabuleuse, Violetta. En principe, Pilar ne donne plus de cours, même si elle croule sous les demandes. Elle a formé les plus grands chanteurs, vous savez ? Tout le monde la veut… Oh, je n'en reviens pas, c'est vraiment fabuleux ! a-t-elle répété.

Son bonheur me touchait. Elle semblait sincèrement se réjouir pour moi. Peut-être avait-elle espéré que cela arriverait, sans trop y croire ?

Mais un doute me taraudait.

— Elle a sûrement fait une exception, juste parce que je suis la fille de Maria…

Mme Torres a secoué la tête.

— Croyez-moi, si elle n'avait pas décelé quelque chose en vous, elle n'aurait jamais proposé de vous enseigner le chant, fille de Maria ou non ! Pilar n'est pas du genre à perdre son temps. Quant à moi, je ne suis pas du genre à flatter les gens !

J'ai souri, définitivement convaincue. J'avais confiance en Mme Torres. Avec le recul, je me demandais encore pourquoi elle m'avait fait si peur le jour de sa venue à la maison. J'avais compris que sous son apparence sévère se cachait une femme généreuse, et je l'appréciais de plus en plus. Au fond, je crois qu'elle était surtout pudique. Un jour, dans le bus, nous étions assises près d'une famille. Le regard triste, le général m'avait alors confié qu'elle n'avait jamais eu d'enfant. Il y avait du regret dans sa voix…

Mme Torres et moi, nous nous sommes dirigées vers l'arrêt de bus le plus proche, mais celui-ci étant en travaux, nous avons pris la direction d'une autre rue, grouillante de monde.

Soudain, sur le trottoir d'en face, j'ai remarqué deux silhouettes. Il m'a fallu quelques instants pour reconnaître mon père. À côté de lui se trouvait Jade – la femme qui nous attendait à la maison, le jour de notre arrivée à Madrid.

Ils se tenaient bras dessus, bras dessous, et riaient aux éclats devant une vitrine.

J'avais déployé tant d'efforts pour étouffer mon sentiment de culpabilité, tant d'énergie pour ne pas me sentir la dernière des dernières… Comme si c'était facile de mentir à mon père ! Et voilà que maintenant, c'était lui qui me faisait des cachotteries, lui qui m'avait raconté des histoires pendant des semaines, lui qui avait des secrets !

Je comprenais mieux tous ces mystérieux coups de fil, pendant lesquels il parlait à voix basse, et ces prétendus rendez-vous d'affaires urgents, le dimanche soir ! Ce qui me faisait le plus mal, c'était de voir le visage rayonnant de papa, un visage que je ne lui connaissais pas. Il semblait comme illuminé de l'intérieur.

J'ai eu un mouvement de recul, et mes lèvres se sont mises à trembler. Mme Torres a dû sentir mon malaise, puis suivre mon regard car, sans un mot, elle m'a attrapé le bras et nous nous sommes éloignées.

Le soir, dans ma chambre, l'image de mon père avec Jade continuait de me hanter. J'étais furieuse. Tous ces mensonges me mettaient hors de moi ! Pourquoi m'avoir caché la vérité ? J'avais toujours cru que nous étions proches, lui et moi, mais manifestement que je me trompais ! Dans le bus, le général ne m'avait pas posé de questions, et je lui en étais reconnaissante. Si elle m'avait demandé ce que je ressentais, j'aurais eu toutes les peines du monde à lui répondre.

Je savais que mon père avait le droit de refaire sa vie. Cela faisait dix ans que maman était partie, et je pouvais comprendre qu'il se sente seul.

Mais il n'empêche, c'était dur à avaler. En grattant bien sous toute ma colère, j'ai découvert que j'avais peur. Peur que papa oublie celle qu'il avait toujours appelée la femme de sa vie. J'y ai pensé jusqu'au milieu de la nuit…

Les jours suivants, j'ai évité mon père, ce qui n'était pas très difficile, puisqu'il passait seulement en coup de vent à la maison. Lorsqu'il me parlait d'une « réunion au bureau », tard le soir, je devais me contrôler pour ne pas lui crier que ça ne servait plus à rien d'inventer des prétextes, puisque je savais tout.

Le jeudi soir, il est venu frapper à la porte de ma chambre, où je me réfugiais pour écrire des chansons. En un éclair, j'ai glissé mon cahier sous le livre d'histoire que je gardais toujours sous la main, au cas où papa surgirait.

— OK, entre ! ai-je crié d'un ton qui signifiait clairement que je n'avais pas envie de discuter.

À son regard, j'ai tout de suite deviné que quelque chose n'allait pas. Il agitait un morceau de papier, l'air furieux.

— Violetta, tu peux m'expliquer ?

Il m'a donné la feuille. Il s'agissait d'un courrier envoyé par Pilar, où elle indiquait les jours et horaires de ses cours. Je ne pouvais plus nier quoi que ce soit, alors je me suis levée, prête pour l'affrontement.

— J'ai envie d'apprendre à chanter. Et Pilar est la meilleure prof de Madrid.

Les yeux de mon père ont lancé des éclairs. Il semblait réfléchir à toute vitesse.

— C'est Mme Torres qui t'a mis cette idée dans la tête ?

— Non. Elle n'est pas au courant, ai-je menti.

Je ne voulais surtout pas qu'on accuse le général. Elle avait fait tout ça pour moi, parce qu'elle me comprenait, elle. Elle croyait vraiment en mes capacités.

— Je t'interdis formellement d'y aller, tu m'entends ! a explosé papa. Quant à ta punition, je vais y réfléchir. Tu m'as menti, Violetta !

Ça a été la goutte d'eau. Les mots sont sortis tout seuls de ma bouche.

— Et toi, alors ? Je t'ai vu, l'autre jour, avec Jade ! Niveau mensonges, je n'ai fait que suivre ton exemple, tu vois !

Il a paru en avoir le souffle coupé. Après quelques instants, il a finalement murmuré :

— Nous en reparlerons plus tard, Violetta. Ce n'est pas fini.

Il est reparti en claquant la porte, et je me suis écroulée sur mon lit pour pleurer de rage, et de chagrin aussi. C'était une chose, de se disputer avec son père, c'en était une autre, de se dire que le seul parent qui vous restait au monde vous en voulait…

Il était très tard, et de la lumière filtrait sous la porte du bureau de papa. J'ai frappé doucement, le cœur trépidant.

— Entre, m'a répondu mon père, d'une voix rauque.

Lorsque je suis entrée, il se tenait debout devant la fenêtre. Il s'est retourné, le visage fermé.

— Je suis désolée, ai-je commencé.

J'avais beaucoup réfléchi, et je regrettais vraiment de m'être emportée. J'aurais dû rester calme et lui expliquer ce que j'éprouvais.

— Assieds-toi, m'a-t-il dit. Je t'écoute.

J'avais la gorge sèche et les mains glacées. Je savais que j'allais vivre un moment pénible, mais je n'aurais pas pu fermer l'œil autrement. Je ne supportais pas l'idée que mon père soit fâché contre moi.

— Je n'aurais pas dû te cacher que j'étais allée voir Pilar…

Comme il ne bronchait pas, j'ai continué de parler. J'ai décrit mon désir de chanter, ma joie d'avoir été acceptée comme élève, mon sentiment de culpabilité, aussi. À la fin, je me suis sentie épuisée. Je savais qu'il ne pouvait pas me comprendre, mais au moins, je lui avais ouvert mon cœur. Surtout, je ne mentais plus. J'avais l'impression d'avoir grandi, d'un seul coup.

— Je sais que tu dois me détester…

Il s'est assis à son tour, en face de moi.

— Bien sûr que non, Violetta. Quoi qu'il arrive, je ne pourrai jamais te détester. Tu es la personne qui compte le plus pour moi, et rien ne pourra changer cela.

Malgré ma volonté de ne plus aborder le sujet, je n'ai pas pu résister à mon envie de demander :

— Et Jade ?

Il s'est éclairci la gorge. J'ai cru qu'il allait se remettre en colère, mais il a fini par me sourire.

— Elle compte aussi, d'une autre façon. Et moi non plus, je n'aurais pas dû te cacher la vérité. En fait, je crois que je n'ai pas su trouver les mots pour te parler d'elle. J'attendais la bonne occasion, et je remettais toujours ça au lendemain... J'ai eu tort. Tu es grande, maintenant. Tu peux comprendre que je souhaite avoir quelqu'un dans ma vie, n'est-ce pas ?

J'ai acquiescé, sans lui avouer combien c'était difficile pour moi d'accepter cette idée. Il allait me falloir un peu de temps. Une autre question me taraudait. C'était peut-être le moment de la poser, à présent que tout était clair et que plus aucun mensonge ne planait au-dessus de nous, tel un nuage sombre.

— Papa, pourquoi est-ce que tu ne veux pas que je chante ?

Il a hésité, avant de venir me rejoindre de l'autre côté du bureau.

— Si ta chère mère n'était pas partie en tournée, elle serait toujours là, aujourd'hui.

Il avait l'air si bouleversé que j'en ai eu la gorge serrée. Dire que j'avais cru qu'il allait oublier maman ! Comment

181

avais-je pu penser une chose pareille ?

Je me suis jetée dans ses bras.

— Pardon… ai-je chuchoté, au bord des larmes.

— Je t'aime, ma puce. Tu ne dois jamais en douter, d'accord ?

— Moi aussi, je t'aime, papa…

— Je n'aurais pas dû t'obliger à déménager sans arrêt, comme je l'ai fait. Je pense que tu as besoin de repères, et je vais tout faire pour t'aider à en trouver. Tu me crois ?

— Oui, papa…

J'étais loin de me douter de tout ce que cette discussion allait changer dans ma vie…

Quelques semaines plus tard, papa m'a annoncé que nous retournions chez nous, dans notre maison de Buenos Aires. Jade serait du voyage, ce qui

ne me réjouissait pas…
mais j'allais revoir ma tendre Olga !

Et qui savait quelles aventures m'attendraient là-bas ?

PUBLICITÉ
Disney Channel
FAIS LE PLEIN DE FUN,
S LE PLEIN DE DISNEY CHANNEL!
Disney
LE MONDE de RILEY
LIV MADDIE
Disney
Austin & Ally
sneyChannel.fr

Table

hachette s'engage pour l'environnement en réduisant l'empreinte carbone de ses livres. Celle de cet exemplaire est de :
500 g éq. CO_2
Rendez-vous sur www.hachette-durable.fr

PAPIER À BASE DE FIBRES CERTIFIÉES

Photogravure Nord Compo - Villeneuve-d'Ascq

Imprimé en Espagne par CAYFOSA
Dépôt légal : décembre 2015
Achevé d'imprimer : novembre 2015
19.8120.0/01 – ISBN 978-2-01-146315-9
Loi n° 49956 du 16 juillet 1949
sur les publications destinées à la jeunesse